KB047392

리더는 항상 옳다

리더는 항상 옳다

LEADERS ARE RIGHT A LOT

우미영 지음

무엇이 옳은지 고민하는 만큼 리더는 성장한다

넥스토톤

차례

3_리더의 역할은 조직의 성과를 창출하는 것이다

4_리더가 일하는 방식이 곧 조직문화다

리더의 커리어에
들어선 당신에게

어릴 적 내가 자란 시골 동네에서는 집집마다 누에를 쳤다. 고사리손으로 따온 뽕잎을 온돌방 윗목 시루에 올려놓고는, 그 잎을 사각사각 먹어 치우는 누에를 지켜보느라 시간 가는 줄 몰랐다. 나는 누에가 쑥쑥 자라는 모습을 보는 것이 너무 좋았다. 나도 누에처럼 그렇게 쑥쑥 자라고 싶었다. 늘 새로운 것 배우기를 좋아하고 지적 성장을 갈망하는 나에게 누에는 성장의 아바타이자 아이콘이었다. 이 왕성한 성장 욕구는 내가 조그마한 IT 스타트업에서 사회생활을 시작해 영업 전문가로 커나가는 과정을 이끈 동력이었다.

하루가 다르게 변화, 발전하는 산업의 역동적인 환경에

서 나는 새로운 고객을 확보하고 더 큰 비즈니스 기회를 만들고 수주 확률을 높여가는 것에서 성장의 즐거움을 찾았고, 영업인으로서 필요한 역량을 기르고 전문성을 쌓아갔다. 나는 회사에 소속된 직장인이었지만, 직장에 구애받지 않고 어디에서나 역량을 발휘할 수 있는 직업인이자 영업 전문가로 나를 만들어갔다. 직업인으로서 나를 성장시킨 용기와 그 결과 유능함을 얻어낸 과정은 첫 책《나를 믿고 일한다는 것》에 오롯이 담겨 있다.

IT업계에서 영업 전문가로 인정받으며 재미있게 일하던 어느 날, 뜻하지 않게 한국법인을 총괄할 기회가 찾아왔다. 시트릭스라는 글로벌 IT회사의 한국지사에서 영업 담당자로 일하던 중, 지사장 자리가 공석이 되자 본사에서 내게 지사장 권한대행을 부탁한 것이다. 외부에서 새 지사장을 찾는 동안만 한국 비즈니스를 이끌어달라는 요청이었다.

그러나 몇 달이 흐르도록 마땅한 후보가 나타나지 않았다. 그러는 동안 권한대행으로 일 감각을 익힌 나는 '내가 적임자가 아닐까' 하는 생각이 들었고, 마침내 용기를 내 지사장 자리에 스스로를 셀프 추천했다. 그간 권한대행으로서 지사를 운영하는 모습을 지켜보던 회사도 내 능력을 인정했다. 셀프 추천으로 시작된 인터뷰 프로세스가 끝나고 마침내 나는 정식 지사장으로 임명되었고, 한국법인의 대표이자 리더로서 커리어를 새롭게 시작하게 되었다.

이때 깨달은 것이 있다. 아무리 유능한 사람도 처음부터 완벽한 리더가 될 수는 없다는 것이다. 누구나 처음 리더가 되면 주어진 역할을 수행하고자 초보자로서 첫걸음부터 시작하게 된다. 사람에 따라 초보 기간을 단축할 수는 있지만 생략할 수는 없다. 40대 초반에 운 좋게 지사장이 된 나 역시 초보 리더의 시기를 건너뛸 수 없었다. 리더로서 일을 잘한다는 건 혼자 잘해내는 것이 아니라 팀워크를 다지고 팀의 역량을 높여 성과를 키워가는 훨씬 더 복잡한 미션으로, 그때까지 내가 누구보다 잘할 수 있다고 자신했던 영업과는 차원이 다른 일이었다.

돌이켜보면 당시 나는 유능한 리더가 되고 싶어 조급했던 것 같다. 그러다 시간이 한참 흐르고 나서야, 내가 수많은 딜을 수주하고 또 실주하며 영업인으로서 전문성을 쌓았던 것처럼 리더십도 경험을 통해 발전하고, 때때로 잘못된 결정에서 배우고, 예상치 못한 성공에서 새로운 방법을 터득하기를 반복하며 전문성을 갖추어가는 성장 과정임을 깨달았다.

첫 책이 직업인으로서 개인적인 성장을 다루었다면 이번 책에는 내가 밟아온 리더로서의 시간, 순탄하지만은 않았지만 뿌듯했던 또 다른 성장 과정을 담았다. 이 책에는 '어떻게 해야 팀원들의 시간을 잘 쓰고 팀의 효율을 높이는 회의를 할 수 있을까?', '효율적인 의사결정은 어떻게 해야 할까?', '직원들의 퇴사는 어떻게 막을 수 있을까?'와 같은 리더로서의 일상적인 고민도 담겨 있고, '회사의 문화는 누가 만드는 것일까?', '다양성은 왜 필요한 것일까?'와 같은 조직에 관한 근본적인 고민도 담겨 있다. 첫 책에 들어 있는 리더십 관련 글도 몇 편 가져왔다. 책에 담은 모든 질문과 대답들은 내 리더십이 성숙하는 여정에서 마주했던 고민의 산물이다. 개중에는 시행착오를 겪으며 깨달은 것도 있고, 책을 통해 다른 사람들의 지혜에서 답을 찾은 것도 있다.

내가 리더로서 지나온 여정에서 얻은 소소하지만 소중한 배움과 깨달음을 당신을 비롯해 유능하고 성숙한 리더로 성장하고자 하는 분들과 공유하고 싶었다. 나의 리더십 여정에 동행해보는 마음으로 차례대로 읽어도 좋고, '지금 당장 풀어야 하는 내 문제'처럼 느껴지는 글이 있다면 먼저 펼쳐서 읽어도 좋을 것 같다.

'리더 포비아Leader Phobia'라는 신조어가 있다. 리더의 자리를 버겁게 바라보고 기피하는 현상을 일컫는 말이다. 그 어느 때보다 기업 환경의 변화가 큰 시점에 세대 간 갈등까지 아우르며 성과를 내야 하는 리더들의 고충과 숙명이 잘 드러나는 말이라 생각한다. 그런데 이런 어려움이 걱정되어 리더의 길을 피하고 싶어 하는 후배들에게 나는 늘 리더로서의 길을 추천한다. 내가 리더로 일하며 성장한 경험은 영업 전문가로 나를 키워가던 경험 못지않게 큰 즐거움과 보람을 주었으며, 나를 더 성숙한 사람으로 만들어주었다. 리더로 일하면서 나는 어떤 일을 마주하든 오너십을 가지게 되었고, 생각이 다른 사람도 대립하듯 바라보는 것이 아니라 '새로운 관점으로 더 나은 의사결정을 할 수 있게 해주는 사람'으로 포용할 수 있게 되었다. 시장에서는 '영업 잘하는 우미영'에서 '남다른 성과를 내는 조직의 리더 우미영'으로 더 크게 자리 잡을 수 있었다.

2021년 말, IT업계 리더로서 소위 '잘나가던' 나는 어도비코리아 대표이사직에서 물러나 세일즈 강의와 리더십 코칭을 시작했다. 첫 번째 커리어와는 전혀 다른 분야에서 새로운 커리어에 도전한 것이다. 내가 30년 이상 일할 수 있었던 것은, 다음 세대의 성장을 돕는 역할로 두 번째 커리어를 열어갈 수 있었던 것은 단언컨대 리더십을 무게나 부담으로만 느끼지 않고 리더로서 성장하는 길을 즐겁게 걸어온 여정

덕분이다.

이 책에 담은 나의 리더십 여정이 모쪼록 리더로서 꾸준히 성장하고자 하는 모든 이에게 영감을 주고, 리더십을 발휘하는 데 있어 비록 크진 않을지 몰라도 유용한 그리고 꼭 필요하고 실질적인 지식과 도구가 되길 바란다. 나의 리더십 여정을 통해, 도전하고 성장하고자 하는 많은 이들이 리더 역할을 두려워하지 않고 리더의 트랙에 들어가 기쁘게 성장해가길 응원한다.

LEADERS

1

리더십의 크기만큼
조직이 성장한다

내게는 어떤 강점과
약점이 있는가?

　　내가 운영하는 유튜브 채널 '어른친구'에는 상사와의 갈등, 특히 상사의 스타일에 적응하지 못해 힘들어하는 사람들의 사연이 적지 않게 들어온다. 사연마다 상황이 조금씩 다르지만 코치로서 내 조언은 대체로 일관되어 있다. 바로 "리더를 좀 더 면밀하게 파악하고 이해하면서 일해보라"는 것이다. '상사는 변하지 않는다. 상사를 변화시키려 하기보다는 상사가 왜 그렇게 하는지 이해하고 그에 맞춰 일하라'는 실용적인 조언이다.

　　예를 들어 상사가 사사건건 알려 하고 간섭하는 마이크로매니저라면 우선 상사와 신뢰를 쌓는 것이 중요하다. 그들이 마이크로매니징을 하는 이유는 일의 결과가 제대로 나오지 않을지도 모른다는 두려움 때문이다. 그런 상사에게는 먼저 다가가 조금 과하다 싶을 정도로 업무 상황을 공유하는 편이 좋다. 상사가 과제를 줄 때는 최대한 많이 질문해 과제를 정확하게 이해하려 노력하고, 마감일을 감안해 중간 결과물을 어느 시점에 리뷰할지 약속하라고 조언하곤 한다. 번거롭게 느껴질 수도 있지만 '마이크로매니저'라는 상사의 리더십 스타일을 이해하면 그리 어렵지 않은 일들이다. 이렇게 자신을 이해해주며 함께하려는 팀원을 싫어할 리더는 없다.

실제로 많은 사람이 상사의 스타일을 이해하려 관찰하고 정보를 주고받으며 노력하고 있다. 그런데 리더를 이해하는 것은 함께 일하는 구성원들만의 몫일까? 리더들은 과연 자신의 스타일을 정확히 이해하면서 리더십을 발휘하고 있을까?

리더십이라는 주제는 언제나 내게 밀접한 화두이지만 '가장 올바른 리더십의 모습은 무엇인가?'라는 물음에 대한 깨달음은 아직 얻지 못한 것 같다. 과연 리더십 스타일에 '정답'이 존재할 수 있을까?

그간 나는 운 좋게도 국내기업, 글로벌기업 등 다양한

조직에서 많은 리더를 만났다. 조직생활 대부분 상사가 있었고, 그들을 관찰하며 리더십 스타일을 배웠다. 또한 조직의 책임자로서 많은 리더와 일하며 그들을 지켜볼 기회가 있었다. 그때마다 제각기 다양한 스타일로 조직을 이끌며 리더십을 발휘하는 모습을 보곤 했다.

사람마다 개성이 다른 것처럼 리더도 성장 배경, 가치관, 함께 일했던 상사들에게 배우고 학습한 것들에 따라 각기 다른 리더십 특성을 보인다. 음식을 담아낸다는 목적이 같을 뿐 그릇의 모양과 크기는 저마다 다른 것처럼, '개인으로서의 성과가 아니라 팀의 성과를 이끌어낸다'는 리더십의 목적이 같을 뿐 그것을 이루는 스타일은 모두 다르다.

문제는 이렇게 다양한 리더십 스타일이 조직에 미치는 영향이 작지 않다는 것이다. 음식 취향이나 패션 스타일은 개인의 성향이나 개성 차원에 머무는 데 그치는 반면, 리더십 스타일은 리더 자신과 구성원들의 관계에 반드시 영향을 미친다. 많은 사람이 리더와의 갈등과 어려움을 호소하는데, 자세히 들여다보면 상당 부분이 리더십 스타일에서 기인한 것이다. 그러므로 리더십 스타일은 단순히 '리더의 개성' 정도로 여겨서는 안 된다. 리더와 구성원 모두 조직장의 리더십 스타일을 깊이 이해해야 한다.

특히 리더의 자리에 있는 이들 그리고 리더를 목표로 하는 이들이라면 반드시 자신의 리더십 스타일을 이해해야 한다. 먼저 자신에게 여러 가지 질문을 던져보자. '나는 어떤 사람인가?', '나는 어떤 방식으로 일하기를 선호하는가?', '내게는 어떤 강점과 약점이 있는가?' 자신의 스타일을 온전히 파악해야 그런 특성들이 다양한 상황에서 어떻게 발휘되고 구성원들에게 어떤 영향을 미치는지 이해할 수 있다. 이렇게 리더가 자신을 이해할 때 좀 더 전략적인 리더십을 발휘할 수 있다.

함께 일한 리더 중에 아이디어가 넘치는 팀장이 있었다. 그는 일에 대한 열정이 남달랐고, 늘 새로운 생각을 했으며, 일을 해나가는 데 거침이 없었다. 앞만 보며 달려가는 그는 남들이 자신과는 다르다는 사실을 헤아리지 못했다. 한마디로 남들이 아이디어 내는 것을 얼마나 어려워하는지 이해하지 못했다. 그런 터라 팀원들이 '원래 그렇게 해왔는데요', '시도해봤는데 잘 안 되었어요', '그걸 하려면 이런저런 문제가 있을 겁니다'와 같이 말하는 것을 가장 싫어했다. 워낙 에너지가 넘치는 리더라 처음에는 팀원들도 그를 따르며 그간 시도해보지 못한 일들을 의욕적으로 벌여나갔다. 하지만 시간이 흐르자 팀원들이 지치기 시작했다. 팀원들은 팀장이 내는 아이디어를 좇아 실행 계획을 세우느라 늘 허덕였다. 그러나 아이디어 많은 리더가 흔히 그렇듯 새로운 아이디어에 꽂힌 팀장은 지난주에 지시한 사항은 잊어버리고 새로운 일을 지시해 팀원들을 좌절시키기도 했다.

이 상황을 어떻게 개선할지 고민하던 인사부는 팀장에게 갤럽의 '강점진단StrengthsFinder'을 제안했다. 강점진단은 갤럽이 수십 년간 연구하여 개발한 온라인 평가 도구로, 개인의 독특한 재능과 능력을 발견하고 이해할 수 있도록 돕는다. 참가자들은 34가지 강점 테마 중 자신의 핵심 강점이 무엇인지 파악하고, 이를 통해 개인과 팀의 잠재력을 최대한 발휘할 방안을 모색할 수 있다.

아니나 다를까, 이 팀장의 최상위 강점은 '발상'이었고, '실행' 관련 테마는 맨 하위였다. 진단 결과를 받은 팀장은 자신의 '발상' 강점이 어떨 때 장점이 되는지, 과도하게 발현되면 어떤 문제를 일으키는지 비로소 깨닫게 되었다. 자신에 대한 이해도가 높아진 팀장은 팀원들에게 리더십 스타일을 혁신하겠다고 선언했다. 새로운 아이디어를 즉시 입 밖으로 내는 대신 메모해두었다가 2주마다 검토해 그중 정말 필요하다고 생각하는 것만 팀원들과 상의하겠다고 했다. 그날 이후 그의 아이디어 제안 본능은 본인의 노력과 팀원들의 지원으로 적절히 통제되었고, 그의 팀은 필터링되고 공식화된 아이디어를 실행하는 데 집중할 수 있었다.

리더십은 자신의 스타일과 그것이 주는 영향을 이해하고 발휘할 때 좋은 결과가 나온다. 자신의 강점, 장점, 특성, 자질이 상황에 맞게 적절히 발휘되면 일이 잘 풀려 성과가 창출될 것이고, 상황에 맞지 않는 방향으로 폭주한다면 강점조차 자신과 팀에 해로운 방향으로 작용할 것이다. 따라서 자기 리더십의 장점뿐 아니라 부족함까지 성찰하고 이해하는 노력이 필요하다.

나아가 리더의 올바른 자기 이해는 팀의 성과뿐 아니라 리더 스스로의 성장과 발전에도 큰 도움이 된다. 2021년 말, 나는 어도비코리아 대표이사직에서 물러났다. 2020년 8월 코로나19 팬데믹 중에 취임해 1년이 조금 넘은 시점이었다. 팬데믹은 언제 종료될지 앞이 보이지 않았고, 본사는 각국 법인에도 전면 재택근무로 전환하고 사무실 출입과 고객사 방문을 금지하는 방침을 강력하게 시행했다. 그에 따라 나도 취임하자마자 온라인으로 일을 시작하게 되었다. 이것 자체가 내게는 시련이었다. 어도비의 유튜브 영상 편집 툴인 '프리미어 프로'는 팬데믹 시국에 날개 돋친 듯 팔려나갔지만, 어도비에서 전략적으로 드라이브를 걸고 있는 기업의 고객 경험관리 B2B 솔루션은 너무나 복잡한 제품이라 비대면으로 판매하기가 쉽지 않았다.

조직 내부에도 문제가 있었다. 내가 취임할 즈음은 코로나19에 따른 사업적 어려움이 극에 달한 상태였다. 각 팀은 서로를 원망했고, 지친 직원들 사이에서 '조용한 퇴사'가 일어나기 시작했다. 신뢰를 회복하려면 유관부서들이 서로 어떻게 일하고 있는지 알아야 할 것 같아 매주 전체 미팅을 주관하고, 동시에 직원들과 일대일 면담을 진행했다. 물론 이 모든 것은 온라인으로 이루어졌다. "재택근무라 편하겠다", "부럽다"라고 말하는 사람들도 있었지만 온라인으로 구성원들을 한 방향으로 움직이게 하는 것은 결코 쉬운 일이 아니었다.

그동안 직원들과 눈을 맞추고 그들의 어려움에 공감하면서 함께 성과를 만들어왔던 나로서는 온라인으로 소통하며 일하는 것이 텅 빈 객석을 바라보며 원맨쇼를 하는 것처럼 느껴졌다. 이런 식으로 계속하다간 제 명에 죽지 못할 것 같은 극심한 스트레스에 시달렸다. 오죽하면 오래된 목디스크가 악화된 것이 마치 내게 퇴로를 열어주는 선물처럼 느껴졌을까? 나는 지병 악화를 핑계 삼아 커리어 전환을 결심했다.

사표를 내고 어느 정도 시간이 흐른 뒤 나 자신에게 질문을 던졌다. '나는 왜 그렇게 금방 지쳤을까?', '30년을 에너지 넘치게 일했는데 마지막 1년 남짓이 왜 그렇게 힘들었을까?' 그러다 문득 앞서 소개한 팀장을 포함해 리더 전체가 함께했던 강점진단이 생각났다. 나는 '책임'과 '공감'이라는 강점 테마가 특히 높았는데, 코치는 그 덕분에 직원들과 좋은 관계를 유지하며 높은 성과를 잘 내는 리더가 될 수 있었던 것 같다고 했다. 그러면서 이 두 가지 테마를 모두 발휘하는 데 리더의 에너지가 지나치게 많이 쓰일 수 있다는 우려도 덧붙였다. 그때는 대수롭지 않게 넘겼는데, 팬데믹에 지친 직원들에게 힘을 불어넣어주며 성과를 내는 과정에서 '공감'과 '책임'이라는 나의 강점이 나를 많이 지치게 했다는 생각이 들었다.

만일 내 강점을 성과의 원동력으로만 여기지 않고 그것이 과할 때 발생할 수 있는 문제를 생각하며 스스로 에너지를 잘 관리했다면 어땠을까? 침체된 조직 분위기도 온라인 소통으로 해결하는 데 한계가 있음을 인정하고 좀 더 담담하게 받아들였다면, 어쩌면 지금도 어도비코리아의 대표이사로 일하고 있지 않았을까 하는 실없는 생각도 해본다.

수많은 꽃 중에 정작 '꽃'이라는 이름의 꽃은 존재하지 않는 것처럼 그 어떤 리더십 스타일도 무수한 리더십 중 하나일 뿐이다. 다만 우리는 그 수많은 형태 속에서 리더십이라는 추상적 개념을 도출해낼 뿐이다. 각각의 스타일과 특성은 다르겠지만, 성과를 내고 성장하는 리더십의 출발은 자기 리더십의 장점뿐 아니라 부족함까지도 성찰하고 이해하는 '리더의 올바른 자기 이해'라고 생각한다.

특히 요즘처럼 일의 경계가 흐릿하고 일하는 방식이 다양해진 시대에는 내가 어떤 비전을 추구하고 어떻게 일하는 것을 선호하는지 스스로 잘 알고 있어야 한다. '중이 제 머리 못 깎는다'는 말처럼 때로는 자신을 이해하기 위해 외부의 도움이 필요할 수도 있다. 그럴 때는 내부 피드백이나 강점진단 등 외부 코칭을 고려해보자. 리더는 팀을 이끄는 자리에 있지만, 그럴수록 자신의 강점은 물론 약점까지 잘 이해하고 팀원들과 소통해야 더 나은 성과를 만들어낼 수 있다.

리더는 언제나 옳은 결정을 내릴 수 있을까?

    조직을 운영하고 비즈니스를 수행하는 과정에는 수많은 의사결정이 따른다. 적게는 수십, 많게는 수백 가지 경우의 수를 헤아리며 현명한 결정을 하는 일은 가히 '선택의 예술'처럼 느껴지기도 한다.

    의사결정은 왜 이렇게 어려운 것일까? 단순하게 생각하면 고려할 것이 많아서다. 어느 하나를 선택하면 다른 것들은 버리는 셈이니 그에 따른 기회비용도 고려해야 한다. 선택지에 없는 새로운 옵션을 만들어내야 할 때는 의사결정이 더 난해하다. 고려해야 할 이러저러한 제약사항도 많다. 최적의 의사결정을 위해서는 가급적 많은 정보를 수집해 분석해야 하겠지만, 언제 우리에게 시간이 충분히 주어진 적이 있었던가? 돌이켜보면 충분한 분석 과정 없이 결단해야 할 때가 더 많았다. 까다로운 현안과 숱한 제약 앞에서 리더는 어떻게 해야 옳은 결정을 내릴 수 있을까?

리더로서 운영하는 조직의 규모가 커지고 책임이 막중해짐에 따라 리더십에 대한 갈증 또한 커져 관련 책들을 열심히 탐독하던 때가 있었다. 이때 만난 것이 아마존의 창업자 제프 베이조스$^{Jeff\ Bezos}$의 리더십 원칙이다. 14가지 리더십 원칙(그 후 두 가지가 추가되어 지금 아마존에는 16가지 리더십 원칙이 존재한다) 하나하나가 금과옥조 같았지만 처음부터 '이거다!' 싶었던 건 아니다. 특히 '리더는 옳다$^{Are\ right,\ a\ lot}$'는 원칙 앞에서는 고개를 갸웃할 수밖에 없었다. 지나치게 당위적인 문장이자 비현실적인 요구라는 생각이 들어서다. 가뜩이나 촉박한 시간에 수많은 의사결정을 해야 하는데, 어떻게 리더가 항상 옳을 수 있단 말인가?

그런 나의 의구심을 간파하기라도 한 듯 제프 베이조스는 2016년 패스파인더 시상식에서 다음과 같이 말했다. "우리가 항상 옳을 수는 없습니다. 다만 훈련을 통해 더 자주 옳은 결정을 내릴 수 있습니다. 리더는 항상 옳은 결정을 하는 사람이 아닙니다. 다만 어떤 제약과 현안에서도 가장 올바른 결정을 하기 위해 애쓰고 마지막까지 검토해야 합니다. 그들은 다양한 관점을 추구하며 자신의 믿음을 부정하기 위해 노력합니다."

'리더는 옳다'는 말은 옳은 결정을 내리기 위한 리더의 태도를 의미하는 것이었다.

2019년 6월, 한국 마이크로소프트에서 근무하던 나는 새로운 회계연도가 시작되는 7월부터 엔터프라이즈 기업고객사업부를 맡게 되었다. 사업부의 현황을 파악하고 업무를 시작하기까지 내게 주어진 시간은 한 달도 채 되지 않았다. 그사이에 준비하고 해결해야 할 사안이 많았는데, 그중에서도 가장 시급한 것은 공석이던 금융사업팀장을 정하는 일이었다. 그 중요한 자리에 어떤 인물을 올릴까. 내부 승진과 외부 영입, 두 가지 선택지가 있었다. 물론 잠시 의사결정을 유보하는 방법도 있었다. 당분간 내가 금융사업팀을 직접 이끌면서 생각할 시간을 벌어볼까도 했다. 하지만 맡게 될 부서의 규모를 생각했을 때 현실적이지 않다고 판단해 일찌감치 선택지에서 제외했다.

마침 금융권의 클라우드 활용에 대한 규제가 완화되어 시장이 열리기 시작했다. 나는 외부 인재를 영입해 팀에 긴장감을 주고 시장 기회를 잡고 싶은 마음이 컸다. 그러나 금융사업팀장을 선임하는 것은 사업부 운영에 큰 영향을 미치는 사안이었기에 충분한 검토 없이 감(感)이나 의욕만으로 섣불리 결정할 수는 없었다.

나는 새로 맡을 사업부의 현안을 파악하고 준비하는 한편 시간을 쪼개 의사결정에 도움이 될 사람들을 가급적 많이 만나 가감 없이 의견을 듣고자 노력했다. 그리고 여러 정보와 의견들을 종합한 결과 처음 가졌던 생각을 바꿔 내부 승진으로 가닥을 잡았다. 팀의 상황이 내가 알고 있던 것과 달랐고, 부서 전체에도 많은 변화가 필요했다. 새로 부임하는 내게 주어진 미션인 '클라우드 비즈니스 성장'에 우선순위를 둔다면, 안 그래도 변화가 많은 조직에 새로운 매니저를 뽑아 가외의 부담을 지울 필요는 없었다. 새 조직을 맡았을 때 이루어낼 변화의 양을 관리 가능한 범위로 조절해야 했다. 물론 사람들을 만나며 내부 승진 대상자에 대한 피드백을 수집한 것도 내 선택에 영향을 주었다.

7월 1일 내부 승진한 금융사업팀장은 매니저 역할은 처음이지만 영업대표(B2B 비즈니스를 하는 회사들은 영업사원이 회사를 대표한다는 의미로 '영업대표'라 부른다)로서 경험이 풍부해 무리 없이 조직을 이끌어갔다. 부족한 부분이 있으면 나와 수

시로 상의하고 코칭을 받아 보완했다. 팀은 비교적 짧은 시간에 안정궤도에 올랐고, 클라우드 사업도 기대 이상의 성과를 내기 시작했다. 덕분에 나는 부서의 다른 중요한 사안들에 집중할 수 있었다. 시간이 충분하지 않았지만 감에 의존하지 않고 여러 사람에게 의견을 구하고 분석해 최대한 객관적인 결정을 내린 덕분이라 생각한다.

제프 베이조스의 말처럼 어떤 상황에서도 옳은 결정을 내리려 노력하는 사람은 다른 의견을 많이 듣고 자기 생각을 과감하게 바꿀 줄 안다. 물론 자기 생각을 바꾸는 것은 말처럼 쉬운 일이 아니다. 인간은 자신의 생각이나 신념이 옳다는 것을 증명하는 정보에 끌리기 마련이다. 자기 생각을 강화하는 의견이나 정보를 받아들이고 다른 의견은 밀어내는 것이 인지상정이다. 그 사고의 틀을 깨뜨리기 위해서는 자신과 다른 생각을 더 열심히 듣고자 의식적으로 노력을 기울여야 한다.

리더는 언제나 옳은 결정을 내려야 한다. 이는 '리더의 판단이 언제나 옳다'는 의미가 아니다. 그보다는 옳은 결정을 내리기 위해 마지막 순간까지 집중력을 잃지 않고 충분한 근거와 자료를 모아 분석하고자 최선을 다해야 한다는 의미다. 나는 금융사업팀장에 대해 내린 그때의 결정이 완벽하지는 않았을 수도 있지만 옳은 결정이었다고 확신한다. 짧은 시간 안에 최대한 객관적으로 상황을 보고자 다양한 사람의 이야기를 들으며 데이터를 확보하기 위해 최선을 다했고, 그러한 노력만큼은 나 스스로 인정할 수 있기 때문이다.

지금 당신은 어떤 의사결정을 앞두고 있는가? 옳은 결정을 내리기 위해 어떤 사항들을 검토하고 있는가?

고객의 생각을
얼마큼 궁금해하는가?

초기 아마존의 임원 회의실에는 한쪽에 빈 의자 하나가 놓여 있었다고 한다. 그저 비어 있는 의자였지만, 회의에 참석한 이들에게 그 의자는 '고객의 의자'였다.

제프 베이조스는 창업 초기부터 고객 중심의 기업문화를 구축하고자 노력했다. 그의 철학 중 하나는 고객의 목소리가 항상 기업의 의사결정 과정에 반영되어야 한다는 것인데, 이를 상징적으로 표현하기 위해 중요한 회의 때마다 여분의 의자를 가져다 놓았다고 한다. 이것이 바로 '고객의 의자'의 유래다. 이 의자는 아마존 임원들에게 항상 고객의 관점에서 사고하고, 그들의 요구와 기대에 어떻게 부응할지를 기준으로 생각해야 한다는 사실을 상기시켜 주었다. 비록 고객이 실제로 그 의자에 앉아 있지는 않았지만, 회의 참석자들은 고객이 항상 옆에 있다고 느꼈을 것이다.

'고객의 의자'는 고객을 최우선으로 생각하고, 그들의 요구와 만족을 항상 기업철학의 중심에 두겠다는 아마존의 강한 의지를 보여준다. 그리고 이는 아마존의 성공 비결 중하나로 꼽힌다. 고객의 요구를 수용하고, 그에 맞게 서비스와 제품을 지속적으로 혁신한 것이 남다른 성과로 이어졌다.

'고객의 의자'를 기업 활동에만 국한하지 않고 리더십으로 확장해보면 어떨까? 다른 사람의 의자에 앉아보는 경험은 생각보다 의미 있고, 활용 범위도 넓다.

나는 어도비코리아 대표이사직에서 물러난 뒤 아마존 웹서비스의 사내 강사 일을 시작했다. 스타트업에서 커리어를 시작했던 20대 때처럼 강사로서 다시 한번 새로운 커리어의 출발선에 선 것이다. 다국적 기업에서 사내 교육을 하는 강사들의 미션은 본사에서 만든 콘텐츠를 제작 의도에 맞게 전 세계 지역본부 구성원들에게 전달하는 것이다. 아마존 웹서비스의 한국법인에서 맡은 나의 주된 업무도 영어로 된 콘텐츠를 잘 이해해 한국 직원들에게 전달하는 것이었다.

내게 맡겨진 첫 번째 교육은 새로 입사한 영업직을 대상으로 하루 4시간씩 5일간 진행하는 총 20시간짜리 프로그램이었다. 조직 소개, 영업 활동 시 활용 가능한 리소스와 툴 안내, 대외 메시징 방법 등 신규 입사자들의 빠른 적응을 돕고자 설계된 과정이었다. 글로벌 본사가 제작한 콘텐츠에는 전 세계 강사들이 일관된 메시지를 전달할 수 있도록 페이지마다 강의 노트가 빼곡하게 정리되어 있었는데, 나는 영어로 쓰인 강의 노트를 꼼꼼히 번역하고 줄줄 외우다시피 준비했다. 덕분에 첫 강의는 계획대로 흘러갔다.

5일간의 교육을 무사히 마치고 참가자들을 대상으로 설문을 진행했다. 결과는 5점 만점에 4점대. 처음 하는 교육 치고 나쁜 편은 아니었지만 교육 과정에 대한 주관식 의견에 눈에 띄는 내용들이 있었다. '한국 고객의 사례를 다루었으면 더 좋았을 것 같다', '일방적인 전달보다는 교육생들의 경험을 나누는 시간이 많았으면 좋겠다', '5일이라는 기간이 너무 길다' 등.

두 번째 커리어로 선택한 일을 누구보다 잘하고 싶었던 나는 고민이 깊어졌다. 그러다 '고객의 의자'에서 영감을 받아 '학습자의 의자'에 앉아보기로 했다. 말 그대로 교육받는 사람의 입장이 되어 내가 진행하는 교육을 바라보는 연습을 해보기로 한 것이다. '학습자의 의자'는 항상 내게 중요한 질문을 던진다. '이번 강의나 교육이 학습자들에게 어떤 가치를 제공할 수 있을까?', '어떤 것들을 준비해야 그들에게 이득이 될까?' 그러고는 그 질문에 대한 답을 찾으려 애쓴다.

'학습자의 의자'를 마음에 들인 후 나는 교육을 준비하는 내내 학습자와 가상의 대화를 나눈다. 영업 현장에 어떤 어려움이 있는지, 이번 교육에서 무엇을 얻고 싶은지를 묻는다. 그런 다음 롤 플레이나 토론에서 활용할 사례를 선정할 때는 본사의 콘텐츠팀이 만들어준 것을 번역해 쓰기보다 한국의 사례를 찾아 쓴다. 그러고도 학습자와의 가상 대화를 끝내지 않는다. 교육 대상자나 매니저와 사전 미팅을 진행하여 내가 준비한 콘텐츠가 실질적으로 도움이 될 수 있을지 다시 한번 확인한다.

누군가는 "강사가 그렇게까지 준비할 필요가 있어요?"라고 물을 수도 있다. 엄밀히 말하면 내 R&R(역할과 책임)에 이런 사전 과정이 명시적으로 포함되어 있지는 않다. 그렇지만 이 과정을 거쳐야 학습자들이 기대하는 바에 한 발짝 더 가까이 다가갈 수 있다. 본사에서 만든 콘텐츠에 고객의 목소리가 더해질 때 학습자들도 학습 니즈를 채울 수 있다고 믿는다. 이런 방식으로 교육을 한 지 2년 반 정도 되었다. 내 교육의 평가는 대부분 5.0을 채우고 있다. 평가 점수가 4.8이라도 나오는 날이면 교육팀 모두가 의아해하며 "어! 이번에는 점수가 왜 이렇게 낮죠?"라고 말할 정도다.

'세상에 고객 없는 사업, 고객 없는 일이 존재할 수 있을까?', '내 고객은 누구인가? 그들은 어떤 상황에 놓여 있고 무엇을 필요로 하는가?', '그들에게 우리 회사 또는 내가 해줄 수 있는 것은 무엇인가?' 우리 모두 자주 그리고 깊이 생각해야 할 중요한 질문들이다.

회사의 고객은 회사의 제품/서비스를 사주는 사람들이고, 사내 교육을 하는 나의 고객은 내 교육을 수강하는 직원들이다. 인사팀의 고객은 직원들이고, 콜센터에서 일하는 이들의 고객은 회사의 제품/서비스에 불만이나 궁금증을 가지고 있는 사람들이다. 그렇다면 리더의 고객은 누구일까? 바로 구성원이다. 기업이 '고객 중심 문화'를 지향한다고 할 때 엔드 유저^{End User}만을 고객으로 상상해서는 안 된다. 조직 내부로 시야를 넓혀 구성원들이 각자 '조직 내에서 내가 자주 접하는 사람'을 고객으로 바라보고, 내 행동을 어떻게 바꿔볼 수 있을지 스스로에게 질문하고 개선하는 연습이 필요하다.

사업 방향이 분명하지 않다면, 지금 하고 있는 일이나 사업에서 원하는 결과나 반응을 얻지 못해 고민이라면, 그것은 고객의 마음이나 니즈를 정확히 이해하지 못해서일 가능성이 크다. 우리의 고객이 누구인지 생각해보고, 내 마음속에 그들을 위한 의자를 마련해 고객과의 대화를 시작해보자. 이것이 모든 사업의 출발점이자, 고객에게 향하는 지름길이다.

나는 일을 토스하고 있는가, 패스하고 있는가?

오늘날 비즈니스 세계는 거친 급류 속에서 중심을 잡는 래프팅과 같다. 끊임없이 출렁이는 변화의 격랑 속에서 유일하게 변하지 않는 한 가지는 '모든 것은 변한다'라는 명제뿐인 듯하다. 시장 상황, 기술의 발전, 소비자의 선호도 등 다양한 요인이 요동치는 격류처럼 변화무쌍하다. 이러한 상황에서 살아남으려면 그리고 앞으로도 생존하길 바란다면 끊임없이 변신하며 변화에 대응하고 적응해야 한다. 이것이 기업의 숙명이다.

그런데 조직이 외부의 변화에 대응해 내적인 변신을 이루어내기란 결코 간단한 일이 아니다. 중간관리자 또는 중간 리더의 역할이 갈수록 중요해지는 것은 '변화의 매개자' 혹은 '변화의 촉진자'라는 역할이 더욱 무겁게 부여되기 때문이다. 팀장, 부서장, 사업부장, 연구소장 등 중간 리더들은 최고경영진과 일선 직원 사이에서 다리 역할을 하면서 변화를 촉진하고, 직원들의 저항을 관리하는 등 중추적인 역할을 담당한다.

다국적 회사의 지사장으로 오랜 기간 일해온 나 역시 회사가 추구하는 혁신과 변화 의지를 한국법인에 접목하는 중간 리더의 역할을 항상 요구받았다. 특히 본사가 큰 변화를 추진하면 그 변화가 한국 시장에 제대로 적용되도록 해야 했다.

돌이켜보면 중간 리더로서 보상 정책부터 조직구조의 변화는 물론 글로벌 경제위기에 따른 전사적인 구조조정까지 실로 많은 변화를 경험했다. M&A로 다른 조직을 흡수하기도 했고, 우리보다 큰 회사에 편입되어 보기도 했으며, 기존 제품이 클라우드 서비스로 전환되면서 제품을 판매하고 고객을 지원하는 방식이 완전히 바뀌는 경험도 했다. 경영상 실적뿐 아니라 얼마나 성공적으로 변화 관리를 실현하느냐 하는 과제로 회사 내 해외법인들과 경쟁하기도 했다.

이 중에는 내가 맡은 조직 구성원들에게 거부감 없이

받아들여진 것도 있었지만 상당한 저항과 외면에 직면하는 등 변화 과정이 너무나 힘든 것도 있었다. 가령 연봉이나 커리어에 유리한 변화라면 그 소식을 전하는 것만으로도 환영받았다. 하지만 조직과 팀원들에게 당장 불리함이 있거나 구성원들의 노력이 많이 요구되는 변화는 입을 떼기도 쉽지 않았다. 이런 상황에 직면할 때마다 나를 독려한 주문이 있었다. '내가 이 상황의 주인이다. 변화에 대해 오너십을 갖자'라는 다짐이었다.

오너십을 갖는다는 것은 어떤 의미일까? 나는 그동안 다양한 조직에서 일하면서 오너십을 갖는다는 것에 대해 나름의 이미지를 만들어왔다. 내가 떠올리는 오너십 이미지는 '변화라는 공을 토스하지 않고 패스하는 것'이다. 일을 할 때 '토스한다'는 표현을 사용하는 일이 종종 있다. 금융 앱 이름으로도 친숙한 '토스^{toss}'는 배구나 족구 등 구기 종목 스포츠의 주요 기술이다. 대체로 공을 공격수에게 '연결'한다는 뉘앙스로 이해되는데, 사실 여기엔 오해가 있다. 토스를 담당하는 세터는 단순히 공을 띄우거나 연결하는 것이 아니라 가장 효과적인 공격 방식을 결정하고 적임자에게 공을 보내는 역할을 한다. 즉 그저 공을 띄우는^{toss} 게 아니라 전략적으로 공격을 세팅^{set}하는 것이다. 토스를 담당하는 세터가 팀의 실질적인 리더 역할을 하는 이유다.

그런데 회사에서는 많은 리더가 좁은 의미의 토스 기술을 쓴다. 나는 특히 위에서 아래로, 아래에서 위로 토스하는 중간 리더들을 많이 보았다. 그들은 회사의 새로운 방향이나 경영진의 결정사항을 구성원들에게 전달만 해놓고 자신의 역할을 다했다고 여긴다. 그러나 공중에 띄우기만 한 공은 누구에게 연결되는지 명확하지 않기에 결과를 제어하기 어렵다. 또한 득점으로 이어지기는커녕 자칫 팀을 혼란에 빠뜨려 오히려 상대 팀에 득점 기회를 넘겨줄 위험마저 있다. 운이 좋다면 단순한 전달만으로도 단기 목표를 달성할 수 있지만 팀이나 조직에 지속 가능한 변화를 가져올 수는 없다. 오히려 구성원의 저항을 받기가 쉽다.

고백하건대 이는 내 경험과도 맞닿아 있다. 어느 글로벌 기업의 한국지사를 담당했을 때의 일이다. 본사가 시장의 기대치에 미치지 못한 실적으로 회계연도를 마감하면서 대규모 변화를 예고했다. 그 후 결정된 사항은 한국 직원들에게 큰 영향을 미칠 것이 분명했다. 이를 전달해야 하는 내 마음은 너무나 불편했다. 직원들의 반발이 걱정된 나는 결국 '본사의 바뀐 정책'을 설명하는 데만 집중했다. 말 그대로 토스만 한 것이다. "본사는 새 회계연도부터 아시아 시장에서는 대규모 고객에 집중하기로 결정했습니다. 규모가 작은 고객들은 우리 직원들보다는 외부 파트너사의 리소스를 활용하라는 지침이 있었습니다. 이에 따라 한국지사에서도 중소기업 고객 담당 조직을 절반으로 축소하기로 결정했습니다." 내 마음의 불편함을 피할 요량으로 '이건 본사의 결정입니다. 제가 결정한 게 아니에요'라는 자기변명을 소리 없이 외치고 또 외쳤다.

반면 패스pass는 어떠한가. '패스'는 공을 더 나은 위치에 있는 동료에게 전달하고 최종 목표를 달성케 하려는 적극적이고 계산된 행동으로, 앞서 설명한 '세트'와 본질적으로 다르지 않다.

변화 관리라는 이슈를 바라볼 때 중간 리더의 역할은 변화라는 공을 단순히 '토스(연결)'하는 것이 아니라 정확히 '패스'하는 것이다. 그렇다면 제대로 패스하기 위해선 무엇이 필요할까? 공의 최종 목적지와 결과를 명확히 이해해야 한다. 중간 리더가 변화를 정확히 패스하려면 변화의 이유와 방향, 최종 목적을 이해해야 한다. 그리고 누가 공을 받을 적임자인지, 어떤 경로로 패스할지 생각해야 한다. 오너십이 요구되는 일이다.

중간 리더가 변화의 오너십을 갖는다는 것은 변화를 조직 성공의 필수 요소로 생각하고, 자신의 책임으로 받아들인다는 뜻이다. 즉 스스로를 상부에서 내려오는 지시의 전달자가 아니라 변화의 의미와 방향을 팀에 전달하여 변화의 목적이 달성되도록 하는 키플레이어로 생각하는 것이다. 중간 리더가 변화에 대한 오너십을 갖는다면, 팀 입장에서 변화를 어떻게 해석하고 받아들여야 할지 충분히 고려하고 팀원들에게 공유하기 위해 노력할 것이다. 쉽게 말해 자율적인 팀원들이 스스로 공간을 확보하여 패스된 공을 받을 수 있도록 돕는 것이다. 그래야 위로부터 시작된 변화가 조직 전체에 매끄럽게 이어질 수 있다.

중간 리더가 오너십을 가지면 변화에 대해 능동적으로 자신의 역할을 정의하고, 기꺼이 책임질 줄 알고, 이를 자신의 일로 받아들여 팀과 프로젝트의 성공을 위해 주도적으로 행동한다. 그들은 제공된 정보나 지침을 단순히 전달하는 것이 아니라, 그것이 자신의 팀에 어떻게 적용될 수 있는지 그리고 팀의 성공을 위해 어떻게 활용할 수 있는지를 깊이 있게 파악한다. 그런 다음 팀원들에게 변화의 목적과 방향을 명확히 설명해 이해시키고, 그들이 변화 과정의 일부가 되도록 설득한다. 즉 팀원들이 자신의 역할을 인지하고, 변화를 수용하며, 그 과정에 적극 참여할 수 있도록 동기를 부여하는 것이다.

내가 과거에 이러한 사실을 충분히 이해하고 있었다면, 그저 본사의 정책을 전달하는 데만 그치지 않았을 것이다. 직원들에게 이러한 변화가 왜 필요한지 설명하고, 변화를 성공적으로 이루었을 때의 결과를 제시해 변화를 한결 긍정적으로 받아들일 수 있도록 도왔을 것이다.

"지난 몇 년간의 매출을 분석해보니 대기업 고객의 매출 성장률이 전체 매출 성장률의 2배였습니다. 리소스 투입 대비 생산성이 그만큼 높다는 뜻입니다. 이에 본사는 대기업 고객의 비율이 높은 시장에서는 조직을 대기업 고객 중심으로 재편하기로 결정했고, 우리 한국 시장도 이 결정에 포함되었습니다. 한정된 리소스로 모든 고객을 상대하다 보니 비즈니스 성장이 어려웠는데 이제 우리 직원들은 대기업 고객에 집중하고, 중소기업 고객은 파트너사들을 통해 더욱 잘 지원할 수 있게 되었습니다. 일부 조직의 축소라는 아픔을 겪어야겠지만 이 새로운 정책을 성공시킨다면 우리는 더 큰 성장을 이루어낼 수 있습니다."

이렇게 적극적으로 설명하고 직원들의 마음을 공감하려 했다면 당시 조직이 겪었던 혼란과 저항은 훨씬 줄어들지 않았을까?

중간 리더라면 그저 변화의 필요성과 긴박함만 강조할 것이 아니라 변화가 지향하는 목표와 이를 달성함으로써 누릴 수 있는 이점을 명확히 밝혀 변화에 대한 기대감을 높여야 한다. 구성원들의 불안과 우려를 줄이고, 변화를 긍정적으로 받아들이도록 만드는 기술이 바로 중간 리더가 가져야 할 패스의 기술이다.

언제든 말할 수 있는
'인재의 기준'이 있는가?

    '인사$_{人事}$가 만사$_{萬事}$'라는 말에 누구나 동의할 것이다. 일에서 인사보다 중요하고 결정적인 것은 없다. 굳이 격언을 들먹일 필요 없이 내 경험을 돌아봐도 좋은 성과의 출발은 필요한 사람을 제대로 뽑는 것이었다. 물론 그다음에는 뽑은 사람이 잘 적응하고 역량을 발휘하도록 환경을 만들어주어야 한다. 어쨌든 성과를 지속적으로 실현하는 첫 단추는 제대로 된 사람을 뽑는 것이다.

    한 명의 잘못된 사람을 선택했을 때의 손실은 생각보다 훨씬 크다. 후보자를 찾고 인터뷰하는 데 드는 시간, 입사하고 정착하기까지 투입되는 에너지, 적합하지 않은 사람임을 알게 될 때까지 드는 시간과 에너지, 그 사람을 내보내고 새로운 사람을 찾아 다시 정착시키기까지 드는 시간과 노력을 생각해보라. 그 사람이 회사를 대표하여 고객을 만나는 위치에 있다면 회사의 신뢰도와 매출에 미치는 영향도 클 것이다. 회사와 맞지 않는 인재를 내보내는 과정은 이를 지켜보는 다른 직원들에게도 부정적인 영향을 미치고, 회사에 대한 실망감도 커질 수밖에 없다.

그런데 조직을 운영하다 보면 채용에 실패하는 경우가 의외로 많다. 사람에 관한 일이라 의사결정 과정에 변수가 많기 때문이다.

좋은 사람을 찾는 것은 분명 중요한 일인데 실제로는 예산 확보나 사전 승인 과정이 길어져 정작 채용에 충분한 시간을 들이지 못할 때가 있다. 시간에 쫓기다 보면 느낌만 보고 뽑는 '인상 면접'으로 흐르기 쉽고, 자신의 인맥을 활용해 채용을 손쉽게 끝내는 경우도 적지 않다. 성급하게 뽑았으니 기대에 미치지 못하는 것도 어쩌면 당연한 결과다.

나는 지난 30년 동안 여러 차례 이직을 했다. 이름만 대면 알 만한 글로벌기업 몇 곳을 거치면서 그들의 채용 프로세스를 경험했고, 그때마다 그들이 채용을 얼마나 중요하게 생각하는지 피부로 느꼈다. 그 경험 덕분에 내가 면접관이 되었을 때는 '인상 면접'이나 '후배 챙기기식 채용'을 경계했고, 어느 정도 벗어났다고 자부한다. 그중에서도 특히 아마존의 면접은 리더로서 인재 채용에 대한 나의 태도와 관행을 돌아보는 소중한 기회가 되었기에 좀 더 상세하게 소개하고자 한다.

아마존 웹사이트에는 채용 과정에 대한 안내가 상세히 나와 있다.

"우리는 과거에 본인이 직면했던 상황이나 문제에 대해 질문하고, 그것을 어떻게 다루고 해결했는지 묻습니다. 예를 들어 '어떤 문제에 부딪혔는데 해결 방안이 여러 가지였던 상황을 이야기해주세요. 본인은 그 선택지 가운데 어떤 방법을 선택하고 행동했으며, 그 결과는 어땠습니까?' 또는 '위험을 감수한 경험을 이야기해주세요. 어떤 상황에서 어떤 위험을 감수했으며, 그 과정에서 어떤 실수나 실패가 있었습니까? 그것에 어떻게 대응했고, 그 경험을 통해 어떤 배움을 얻었습니까?'"

나를 검증하기 위한 아마존의 면접은 사전 인터뷰와 시강 그리고 5번의 대면 인터뷰로 진행되었다. 5번의 대면 인터뷰는 아마존의 리더십 원칙 14가지를 한 번에 두세 가지

씩 검증하는 방식이었다.

첫 번째 면접관은 내게 이런 질문을 했다. "어떤 결정을 내려야 하는데 충분한 데이터가 없었던 경우를 말해주세요. 어떤 과정을 거쳐 결정을 내렸습니까? 그것은 옳은 결정이었습니까?" 이는 '리더는 옳다'라는 아마존의 리더십 원칙을 검증하기 위한 질문인 것 같았다. 나는 마이크로소프트에서 엔터프라이즈 사업부를 맡았을 때 금융사업팀 매니저를 내부에서 승진시킬지, 외부에서 찾을지 결정했던 과정을 이야기했다.

아마존의 면접은 지원자가 어떤 경험에서 어떤 판단이나 행동을 취했는지 설명하게 해 회사가 생각하는 인재상에 부합하는지 판단하는 방식으로 진행된다. 몸으로 직접 부딪치며 경험하지 않은 사람, 작든 크든 실패든 성공이든 경험에서 배우고 성장하는 습관을 가지지 않은 사람은 통과하기 힘든 인터뷰라고 생각했다.

나는 여러 차례의 채용면접관 교육을 통해 '인터뷰에서는 반드시 개방형 질문을 하여 지원자의 경험과 역량을 구체적으로 확인해야 한다'는 것을 익히 알고 있었다. 하지만 아마존의 인터뷰 방식은 회사의 리더십 원칙에 부합하는 사람을 걸러낸다는 측면에서 매우 독특했고, 준비하기도 쉽지 않았다. 덕분에 인터뷰 내내 나의 경험을 돌아보며 무엇을 배우고 어떻게 성장했는지 반추하고 나의 리더십을 평가해볼 수 있었다. 그리고 지금까지 내가 채용을 위해 진행했던 인터뷰 프로세스가 얼마나 부족했는지 절감하게 되었다.

모든 조직의 채용 프로세스가 아마존처럼 정교하고 체계적이면 참 좋겠지만 현실은 그렇지 않다. 그래도 기업이라면 인재를 뽑는 나름의 가치와 기준이 있어야 한다. 특히 팀을 이끄는 리더라면 채용하는 사람이 맡게 될 역할, 필요한 역량, 경험을 구체적으로 정의하고, 인터뷰 프로세스와 질문을 통해 충분히 검증할 수 있어야 한다. 영업사원을 채용한다면 잠재고객을 어떻게 발굴해왔는지, 주요 고객들과의 관계는 어떠했는지, 기존에 판매한 제품과 우리 제품은 어떻게 다른지, 상대할 고객층은 유사한지 등을 꼼꼼히 확인해야 한다.

지원자가 이전 직장에서 큰 성공을 거두었다면 그가 성공할 수 있었던 환경도 살펴야 한다. 제품이 시장에서 독보적인 위치를 점하고 있고, 회사의 지원 시스템도 잘 갖추어진 환경에서 성공한 것이라면 더욱 그렇다. 치열한 경쟁 환경에 놓인 작은 조직에서 많은 것을 혼자 해야 할 때도 똑같이 성공하리라고 기대할 수는 없기 때문이다. '이 모든 것을 해보았습니까?'가 아니라 '어떤 상황에서 어떻게 해냈고 그 과정에서 무엇을 배웠습니까?'라는 질문으로 지원자의 경험과 역량을 확인해야 한다.

'인사가 만사'라는 구호만으로 좋은 인력을 선발하고 운용할 수는 없다. 팀의 리더는 채용이라는 중대한 프로세스를 인사팀에만 맡겨서는 안 된다. 지원자의 역량을 어떻게 검증하고 평가할지 깊이 고민하고 자체적인 시스템을 구축해야 한다. 그렇게 만든 채용 프로세스도 수시로 점검하고 지속적으로 개선해야 한다. 일상적인 업무가 바쁘다고 이 중요한 일을 뒤로 미루어서는 절대 안 된다. 우리 조직에 잘 맞는 채용 프로세스를 만들고 때때로 개선해야 비로소 '인사가 만사'라 말할 수 있다.

관리 감독인가,
마이크로매니징인가?

　　'대리'라는 별명을 가진 팀장이 있다. '대리급 팀장'은 마이크로매니저에게 주로 붙는 별명이다. 아주 작은 사안까지 보고할 것을 요구하며 업무마다 일일이 개입해 팀원들을 옥죄는 매니저를 '아무개 대리'라 부르기도 한다.

　　《상사 때문에 퇴사하고 싶은 너에게》라는 책을 보면 견디기 어려운 10가지 유형의 상사가 나오는데, 그중 첫 번째가 '마이크로매니저'다. 내가 운영하는 유튜브 채널 '어른친구'에도 상사의 마이크로매니징으로 힘들다는 사연이 자주 들어온다. 상사의 마이크로매니징이 직장 내 스트레스의 주범 중 하나인 것은 분명한 사실인 듯하다.

그런데 사람이라면 자기 손톱 밑의 가시가 남의 가슴에 박힌 대못보다 크게 느껴지는 게 인지상정인지라, 자신이 겪은 상사의 마이크로매니징에 대해서는 진저리를 치면서도 '혹시 내가 그런 상사는 아닐까' 하는 생각은 거의 하지 않는 것 같다.

여기에 자신이 마이크로매니저인지 확인해볼 수 있는 간단한 자가진단법을 소개한다.

□ 팀원들이 어디에서 무엇을 하고 있는지 모르면 마음이 불편하다.
□ 일의 진행 상황을 수시로 체크한다.
□ 웬만한 결정은 내가 한다.
□ 팀원에게 일을 맡길 때 '어떻게' 할지까지 정리해서 전달한다.
□ 팀원이 결정하기로 한 사안도 계속해서 '왜' 그런 결정을 했는지 묻는다.
□ 자신은 늘 의견이 있느냐고 묻지만 팀원들이 의견을 잘 내지 않는다.
□ 팀원들이 내가 없는 단톡방을 만들어 자기들끼리 자주 소통하는 것 같다.

이 중 2개 이상 해당된다면 당신도 마이크로매니저일 가능성이 높다.

많은 사람이 단점을 잘 알고 있는데도 마이크로매니징이 만연한 이유는 무엇일까? 이유는 여러 가지일 것이다. 어느 신임 매니저는 매니저로서 실패하면 어쩌나 하는 두려움이나 직원과 상사에게 자신을 증명해야 한다는 압박감 때문에 그럴 수 있다. 또 어떤 리더는 머릿속에 큰 그림이 도저히 그려지지 않아 고육지책으로 팀원들의 작고 사소한 업무에까지 현미경을 들이대고 시시콜콜 '지적질'하는 것일 수도 있다.

그런데 내가 겪은 마이크로매니저들은 주로 완벽주의 성향을 가진 사람들로, 본인의 관리 역량이 미흡해서라기보다는 성격적 특성과의 상관계수가 좀 더 높아 보였다. 완벽주의는 깔끔한 일처리와 높은 업무 성과로 나타나기도 하지만 '실수 없이 완벽한 결과를 내야 한다'는 부담감 때문에 마이크로매니징을 하기 쉽다.

나는 대표나 사업부장으로 일할 때 1년에 두 차례 스킵 레벨 면담^{Skip level 1 on 1}(매니저를 건너뛴 직원과의 면담)을 진행했다. 한 명당 30분 남짓의 길지 않은 시간이었지만, 직원들의 이야기를 직접 듣고 조직의 온도를 느낄 수 있는 좋은 기회였다. 그런데 스킵 레벨 면담을 진행하다 깜짝 놀란 적이 있다. 한 팀의 절반 이상이 숨 막혀서 못 살겠다고 하소연했다. 심지어 이직할 회사를 알아보고 있다는 직원도 한두 명이 아니었다.

이유를 물어보니 팀장이 너무 세세한 것까지 통제하고, 사소한 것 하나하나까지 보고할 것을 요구한다고 했다. 직원들에 따르면 그 팀의 회의는 늘 일방통행식으로 진행된 것 같았다. 새로운 아이디어를 찾기 위해 다양한 직원을 모아놓고도 그 팀장은 미리 깨알같이 준비한 내용을 설명하고 각자 할 일들을 하나부터 열까지 정리해 전달하는 것으로 회의를 마무리했다고 한다. 직원들의 의견을 폭넓게 수렴해야 할 회의 시간이 팀장의 발언으로 채워지고, 늘 팀장의 생각대로 결정되었던 것이다. 그의 일방적인 회의 진행에 익숙해진 직원들은 그저 팀장의 말을 받아 적기 바쁠 뿐, 자기 의견을 내겠다는 생각조차 하지 않는다고 했다. 팀원들에게 회의는 통보 자리나 다름없었다.

나는 머리를 한 대 맞은 것 같았다. 나를 당혹케 한 것은 그 팀장의 리더십에 문제가 있다는 사실 그 자체만이 아니었다. 그동안 내가 그에 대해 내린 평가 때문이었다. 면담이 있기 얼마 전에 반기 평가가 있었는데, 나는 그에게 최고 점수를 주었다. 당시 내가 맡은 조직에는 몇 개의 팀이 있었는데, 그 팀만이 유일하게 내가 기대한 성과를 냈다. 내가 바라본 그 팀장은 팀의 업무를 아주 잘 파악하고 있는 성실하고 유능한 리더였다. 여러 팀장 중 가장 믿고 일을 맡길 수 있는 사람이었고, 그와 일하는 것이 편하고 좋았다. 그는 자신의 과업이 무엇인지 충분히 이해했고, 어떻게 일해야 좋은 결과가 나오는지, 누가 무엇을 어떻게 해야 하는지 잘 알고 있었다. 그렇기에 일을 세부적으로 할당하고 과정을 꼼꼼하게 챙겨가며 성과를 만들어냈으리라.

그 팀의 높은 실적은 당연한 결과였고, 팀장에 대한 나의 평가도 어쩌면 공정한 것일 수 있다. 그러나 그의 마이크로매니징은 팀의 성과를 높이긴 했지만 팀의 문화를 병들게 했다. 높은 성과 이면에서 곪고 있는 조직의 건강 상태를 제대로 파악하지 못하고 그에게 최고 고과를 준 나 역시 조직의 건전성을 악화시킨 공범이라는 생각에 한동안 많이 힘들었다.

마이크로매니징은 팀원들을 얼어붙고 경직되게 만든다. 지시와 지적만이 존재하고, 살아 있는 생생한 피드백은 실종된다. 그러면 팀원들은 업무를 추진하면서 궁금한 점이 있어도 '괜히 잔소리만 듣는 거 아니야?'라는 생각에 입을 꾹 다문다. 그러는 사이 업무 추진력과 상상력은 점점 더 쪼그라든다. 이런 상황이 지속되면 급기야 팀 전체가 '시키는 일만 잘하자'는 보신주의와 매너리즘에 빠져 리더의 눈치만 보게 된다. 마이크로매니징을 통해 단기적으로는 기대한 성과를 낼 수 있을지 몰라도 종국에는 팀의 문화가 망가지고 유능한 팀원들이 이탈하게 된다.

리더가 자신에게 마이크로매니징 성향이 있다는 사실을 인식하는 것은 쉬운 일이 아니다. 그렇지만 스스로를 돌아보거나 상사와 주변의 피드백을 받아 자신의 마이크로매니징 특성을 인지했다면 그때부터는 개선하려는 노력을 적극적으로 시작해야 한다. 자신에게 마이크로매니징 습성이 있다는 것을 파악했다면 어떤 노력을 해야 할까?

우선 팀원에게 과제를 부여할 때는 자신이 생각하는 세세한 과정을 전달하기보다 원하는 결과를 말하는 습관과 루틴을 만들어야 한다.

예를 들어보자. '○○에 대한 보고서를 작성하세요. 보고서를 완성도 있게 작성하려면 워크숍을 열어야 합니다. ○○일까지 ○○을 만나 일정과 준비사항을 협의하고 장소를 확인한 다음 참석자들에게 공지하시고….' 만일 이렇게 업무의 전체 과정을 일일이 지시한다면 팀원은 스스로를 일의 주체라고 생각할까? 전혀 아닐 것이다. 물론 상황에 따라 구체적인 지시가 필요할 수도 있지만, 가능하면 팀원들 스스로가 일의 리더가 되어 추진할 수 있게 해야 한다. 쉽게 말해 예상되는 결과물이 어떤 모습이어야 하는지는 공유하되, 그 과정은 팀원이 자율적으로 이끌 수 있도록 여지를 남겨두어야 한다는 것이다.

어쩌면 마이크로매니저에게는 용기가 필요할지도 모른다. 바로 팀원들을 신뢰할 용기 말이다. 심리학자 브레네 브라운Brene Brown은 자신의 저서《리더의 용기Dare to Lead》에서 '성공 그려보기'에 대해 이야기한다. 일이 마무리되었을 때의 모습, 나아가 일이 잘되었을 때의 모습을 팀원들과 논의한다면 그들은 그 모습에 가까이 가기 위해 실험하고 실수하고, 그 과정을 거치며 성장한다. 리더가 "나는 이런 결과를 기대합니다. 어떻게 접근하는 게 좋을까요?"라고 질문한다면, 팀원들은 비록 그 아이디어에 동의하지 않더라도 당신이 자신들을 신뢰한다고 느낄 것이다.

원하는 결과를 팀원과 논의해 미리 세팅하라는 데 동의

하더라도 '내가 원하는 결과가 나오지 않으면 어쩌지?'라는 걱정이 들 수 있다. 그러므로 원하는 결과를 세팅한 다음에는 팀원과 협의해 언제 중간 점검을 할지 정하도록 하자. 과제의 기간이나 중요도에 따라 1~2주에 한 번 리뷰 시간을 갖고 피드백한다면 일의 주도권을 팀원에게 주면서 원하는 결과도 얻을 수 있을 것이다. 물론 리뷰 때 글자 크기와 같은 외형적인 데코레이션보다는 원하는 결과물에 얼마나 다가가고 있는지, 그렇지 못하다면 팀장으로서 어떤 지원을 할지 논의해야 한다.

"지금 어떤 업무를 하고 있습니까?"라는 질문 대신 "지금 우리가 어디쯤에 왔을까요?"라는 질문을 던져보자. 팀원들이 나아갈 세세한 경로를 그려주는 대신 중간중간 마일스톤을 함께 설정하고 업무 피드백을 주고받으면, 팀원은 자신에게 주어진 업무 재량권 내에서 자기주도성을 발휘하여 시도해보고 실수도 하면서 스스로 성장해갈 것이다.

팀 관리는 어렵다. 특히나 내가 생각하는 방식대로 일하지 않는 팀원을 지켜보기란 결코 쉽지 않다. 그러나 리더의 경험이나 생각이 무조건 정답일 수는 없다. 문제를 해결하고 성공적인 결과를 내는 데는 팀원들의 자율성을 끌어올리는 방법도 있다는 것을 잊지 말자. 팀원들은 자신의 아이디어와 업무 방식이 인정받는다고 느끼면 더 나은 성과를 내기 위해 노력할 것이고, 자기주도성을 통해 성취와 성장을 경험하면서 지속 가능하고 재현 가능한 건강한 조직문화를 능동적으로 만들어갈 것이다.

팀원의 일에 간섭하는가,
동행하는가?

마이크로매니저는 팀원 개인의 재능이나 창의성을 억압해 팀의 성과를 제한한다. 많은 리더가 이 점을 경계해 지나치게 간섭하지 않으려 조심한다. 그러다 보니 또 다른 문제가 생긴다. 이른바 '형님 스타일'의 리더들이 그러한데, 조그만 것들까지 챙기는 쪼잔한 모습을 보이지 않으려다 챙겨야 할 것을 제대로 관리하지 못하고 방치하는 더 큰 우를 범하는 것이다. 그 결과 팀원들에게 '책임감 없는 리더'로 낙인찍히고 만다.

'마이크로매니저'와 '책임 있는 리더' 사이에서 균형을 잡기란 쉬운 일이 아니다. 한 끗 차이로 팀원을 억압하는 상사가 되기도 하고 팀원의 성장을 돕는 리더가 되기도 한다. 어떻게 해야 팀원을 억압하지 않으면서 관리하는 균형 감각을 가질 수 있을까?

나는 팀원이 일하는 현장에 동참해 균형의 실마리를 찾는 편이다. 영업팀장으로 일할 때의 일이다. 지방 출장이 당일 아침에 취소되어 하루 일정이 비게 되었다. 무엇을 할까 고민하던 중 요즘 실적도 좋지 않고 의욕도 없어 보이는 김 대리가 생각났다. '오늘은 김 대리 일정에 함께해야겠다'고 마음먹고 전화를 했다. 상황 설명을 하고 고객사 건물 1층에서 만나자고 했다. 그런데 김 대리가 우물쭈물하더니 고객사 미팅이 갑자기 취소되었다고 하는 것이 아닌가.

팀에 공유되는 김 대리의 일정표에는 '오전 고객사 방문, 고객과 점심 식사, 오후 또 다른 고객사 방문'으로 기재되어 있었다. 하지만 오전 미팅과 점심 약속이 '갑작스레' 취소되어 우리는 오후에 고객사 한 곳을 방문하는 것으로 그날 일정을 마쳤다. 그마저도 원래 일정에 있던 고객사가 아니었다. 미팅에 참석해 대화 내용을 듣고서야 나는 그날 예정에도 없던 미팅이 급하게 잡혔다는 것을 알았다.

조직의 리더가 팀원의 고객사나 협력업체 방문에 동행

하는 것을 레벨 영업(고객사의 임원을 만나는 것)으로만 생각하는 사람이 많은데, 그에 못지않게 중요한 이유가 한 가지 더 있다. 팀원을 실무 코칭할 기회로 최적이기 때문이다. 팀원이 고객을 대하는 모습은 어떠한지, 미팅 준비는 제대로 했는지, 자기 의견을 명확하게 전달하는지, 협상 기술은 적절한지 등을 파악하고 추후 코칭 기회로 활용하는 것이다.

그러므로 리더가 구성원의 외부 미팅에 동행할 때는 스스로 목적을 분명히 해야 한다. 뭔가를 가르치고 보여주기 위한 것인지, 짐작만 하고 있는 팀원의 문제를 확인하기 위한 것인지, 팀플레이로 미팅의 목적을 확실히 달성하기 위한 것인지 정하고, 고객과 팀원에게 모든 감각을 집중해야 한다.

특히 조직에 갓 합류한 신규 입사자라면 교육을 위해서라도 반드시 미팅에 동행해야 하고, 그 시기는 빠를수록 좋다. 신규 입사자는 자신이 판매하는 제품이나 서비스의 내용뿐 아니라 영업 프로세스도 낯설 수 있다. 이럴 경우 팀장이 미팅에 함께해 직접 지도하는 것이 그 어떤 코칭보다 효과적이다. 그 외에도 프로젝트를 일정 단계 이상 진척시키지 못하는 직원, 가격 등 각종 협상에서 번번이 밀리는 직원이 있다면 미팅 자리에서 '숙달된 조교'의 실전 예시를 보여줄 필요가 있다. 이때는 미팅 전에 왜 동행하는지, 어떤 기술을 상세히 관찰해야 하는지 알려주고, 미팅이 끝나면 관찰한 것들을 정리해서 보고하라고 하는 것이 좋다.

한편 팀원의 문제점을 관찰하고 피드백을 줄 목적으로 미팅에 동행할 경우에는 일단 개입을 최소화하고 팀원을 관찰하는 데 집중해야 한다. 관찰자로서 미팅을 지켜보면 팀원이 현재 상황을 어떻게 바라보고 있는지, 미팅을 어떻게 이끌어가고 있는지가 확연히 드러난다. 본인이 의식하지 못한 채 습관적으로 하는 말이나 행동이 업무에 부정적인 영향을 미칠 수도 있고, 상대방에게 우리 측의 전략을 노출하는 위험한 상황을 만들 수도 있다. 이때 중대한 오류가 아니라면 그 자리에서 팀원의 행동을 교정하기보다는 추후에 구체적으로 피드백을 해주는 것이 좋다.

나와 함께 일한 영업사원 중에 모든 거래에서 기술자들의 시간을 과하게 투입하는 직원이 있었다. 기술부서에서 볼멘소리가 나오는 것은 당연한 일이었다. 무엇이 문제일까 고심하던 중, 그가 진행하는 고객 미팅에 동행해 원인을 찾아냈다. 고객이 경쟁 제품을 언급하자 그는 곧바로 성능 테스트를 제안했다. 기술 제품의 성능 테스트에는 많은 리소스가 들어가는데, 경쟁에 대한 두려움 때문에 고객이 요청하기도 전에 성능 테스트를 제안한 것이다. 원인을 파악한 나와 기술팀장은 성능 테스트 대신 동일한 제품을 쓰고 있는 고객 사례를 제시하거나 공인 테스트 결과를 제출하는 방식으로 고객을 설득하도록 직원을 코칭했다. 그 결과 기술자들의 시간을 아낀 것은 물론이고, 계약 일정도 단축할 수 있었다.

팀플레이를 위해 미팅에 동행하는 경우, 리더는 회사를 대표해 협상하는 위치에 선다. 이때는 팀원을 믿지 못해 따라온 것이 아니라 리더가 동행할 만큼 회사가 신경 쓰고 있다는 점을 고객에게 적극적으로 어필하는 것이 좋다.

가끔은 예고 없이 미팅에 동행해볼 필요도 있다. 팀원이 얼마나 짜임새 있게 시간을 쓰고 있는지 파악할 수 있고, 차 안에서 개인적인 이야기를 나누다 보면 좀 더 가까운 관계를 형성할 수 있다. 출장이 취소된 날 내가 김 대리의 미팅에 동행한 것도 이런 이유에서였다. 그날 나는 김 대리가 시간을 계획적으로 쓰지 못한다는 사실을 알게 되었다. 그래서 영업 상황과 동선 등을 고려하여 미리 일정을 잡는 것이 생산성에 얼마나 큰 영향을 미치는지 알려주고, 그 후 몇 주간 그가 짠 일정을 함께 리뷰함으로써 그가 더 짜임새 있게 영업 활동을 할 수 있도록 도왔다.

유능한 리더와 마이크로매니저는 확연히 구별되는 차

이점이 있다. 유능한 리더는 본인의 주관적인 판단으로 모든 사안을 통제하거나 파악하기보다 팀원의 성장에 초점을 맞춘다. 또한 '결과가 인격'이라 생각하고 실적을 압박하며 다그치는 것이 아니라, 결과를 만들어내는 과정에 관심을 갖고 함께함으로써 팀원의 성장을 통해 지속적으로 더 큰 성과를 만들어낸다.

유능한 리더와 마이크로매니저를 비교하는 표를 직접 작성해보기 바란다. 가급적이면 구체적인 사안에 대한 태도와 행동을 시시콜콜 비교하고 정리해보자. 이를 통해 자신의 모습을 객관화하고, 더불어 닮고 싶은 유능한 리더의 모습을 구체화하여 리더로서 한 단계 성장할 수 있을 것이다.

나는 상사에게
어떤 팔로어인가?

    2014년에 방영된 드라마 〈미생〉은 직장인의 애환과 현대인의 삶을 잘 보여준 작품으로, 직장인들 사이에 '미생' 열풍을 일으켰다. 드라마가 방영된 지 10년이 지났지만, 앞으로 10년이 더 지난다 해도 그 평가가 크게 달라질 것 같지 않다. 등장인물 한 사람 한 사람이 마치 우리 사무실에서 나와 함께 근무하고 있을 것처럼 생동감 있고 디테일도 탁월한데, 그중에서도 나는 오상식 과장과 그 팀원들을 보며 많은 생각을 했다.

    원인터내셔널 영업3팀 팀장인 오상식 과장은 탁월한 업무 능력과 열정을 겸비한 사람이다. 그러나 안타깝게도 그는 팀원들이 탐탁지 않아 하는 영양가 없는(?) 프로젝트만 떠맡아 고군분투한다. 이런 팀장 밑에서 일하기란 결코 쉽지 않다. 아닌 게 아니라 영업3팀의 김동식 대리는 번번이 진급에서 누락되는데, 일 잘하고 성실하며 심성조차 착한 그가 진급하지 못하는 건 팀장을 잘못 만난 탓이라고밖에 설명할 길이 없다. 턱없이 부족한 인원으로 과중한 업무를 처내던 그들은 회사에 끊임없이 인력 충원을 요청한다. 그런데 하필 충원된 인력은 고졸 검정고시 출신에 프로바둑기사 지망생이었던, 그래서 할 줄 아는 것이라고는 바둑밖에 없고 가진 것이라고는 열정과 패기뿐인 '업무 역량 제로' 장그래 인턴사원이었다.

누구보다 뛰어난 역량과 열정을 가진 오상식 과장이 능력을 제대로 발휘하기는커녕 김동식 대리의 앞날까지 힘들게 만든 이유는 무엇일까? 나는 그 이유가 오상식 과장의 '상사 매니지먼트' 실패 때문이 아닐까 생각한다.

그의 상사인 최영후 전무는 회사 내에 자기 '라인'이 있을 정도로 실세 중의 실세다. 그는 오상식 과장의 능력을 높이 평가해 자신의 라인에 들어오라고 손을 내밀었지만 오상식 과장은 최영후 전무를 공적으로만 대할 뿐, 사적인 관계에서는 칼같이 선을 긋는다. 물론 여기에는 최영후 전무에게

도덕적인 문제가 있었고, 그 때문에 둘 사이가 껄끄러워졌다는 배경이 있다. 어쨌든 최영후 전무와의 불편한 관계는 결과적으로 오상식 과장이 이끄는 영업3팀에 엄청나게 불리하게 작용했다.

자신이 회사의 대표가 아닌 이상 조직생활을 하는 사람이라면 누구나 상사로부터 크고 작은 지시를 받고 그에게 보고를 한다. 달리 말하면 '상사'라는 존재는 조직에서 일하는 사람에게 피할 수 없는 업무 환경이자 근무 조건인 셈이다.

같은 조직에서 오랫동안 손발을 맞춰온 상사와 함께 일한다면 그나마 어려움이 적겠지만 현실은 그렇지 못한 경우가 많다. 요즘은 기업 간 인력 이동이 많아 어느 날 갑자기 알지도 못하는 사람이 상사로 오는 경우도 많고, 때로는 내가 이직해 새로운 상사를 만나기도 한다. 같은 회사에서 알고 지내던 사이라도 그가 내 상사가 되면 '내가 알던 사람이 맞나' 싶게 평판이나 소문과는 딴판일 때가 적지 않다. 어떤 식으로든 상사는 낯설고 어려운 존재라면, 내가 상사를 어떤 태도로 대하고 어떤 관계를 맺을 것인지가 중요해질 수밖에 없다.

델소프트웨어 싱가포르 사무실에서 일할 때의 일이다. 어느 날 신임 상사가 부임했다. 시드니에서 활동하던 그가 낯선 곳에서 새 조직을 이끌게 되었으니 조직 적응과 업무 파악만으로도 바쁘고 버거운 시간을 보낼 것은 '안 봐도 비디오'였다. 엎친 데 덮친 격으로 업무 파악이 미처 끝나기도 전에 미국 본사에서 아시아태평양본부의 비즈니스 전략을 발표해달라는 요청이 왔다. 그가 부임한 시점이 새로운 회계연도와 겹치는 바람에 입사 1개월도 되지 않아 조직의 전략과 비즈니스 플랜을 발표하는 상황에 맞닥뜨린 것이다. 경력이 탄탄한 관록 있는 리더였지만 그 상황이 녹록할 리 없었다.

그는 이런저런 자료를 살피며 고군분투했고, 우리는 그가 요청하는 자료를 챙겨주며 지원했다. 그러던 어느 날, 아무래도 걱정이 된 나는 그에게 "혹시 필요하시면 자료를 챙겨드리는 것 외에 다른 일을 도와드려도 되겠습니까?" 하고 조심스럽게 운을 뗐다. 그는 무척 고마워하며 적극적으로 도움을 요청했다. 그날부터 나는 그를 도와 전략 발표 자료를 준비하는 데 매진했고, 2주 후 그는 성공적으로 본사 보고를 마친 것은 물론 동시에 비즈니스 전반을 단시간에 파악하고 전략 방향을 설정할 수 있게 되었다.

짧은 시간이었지만 함께 자료를 준비하면서 상사는 내 경험의 깊이를 알게 되었다. 이를 계기로 나는 그와 빠르게 신뢰를 형성할 수 있었고, 이후 업무를 진행하면서 관계가 더욱 돈독해졌다. 이후 나의 회사생활이 어떠했을지는 구구절절하게 설명하지 않아도 충분히 그려질 것이다. 상사는 내가 맡은 지역에 대한 지원을 아끼지 않았고, 덕분에 내 성과는 배가되었다. 당연히 우리 팀에는 진급에서 누락된 '김동식 대리'가 없었다.

우리는 항상 고객의 니즈를 파악하기 위해 노력한다. 그래야 더 나은 성과를 얻을 수 있기 때문이다. 그 '고객'의 자리에 나의 '상사'를 갖다놓아도 작동 원리는 같지 않을까? 쉽게 말해 '고객의 니즈'처럼 '상사의 니즈'를 객관적으로 바라보자는 말이다. 상사의 입장이 되어 지금 우리 조직의 상황을 살펴본다면, 상사의 니즈뿐 아니라 그의 원츠^{wants}까지 파악할 수 있을 것이다.

그러니 상사를 그저 '내게 지시하는 사람'으로만 볼 것이 아니라 '나를 통해 성과를 만들어내는 사람'이라고 관점을 바꿔보자. 그러면 내가 그에게 영향을 미칠 수도 있다는 사실을 알게 될 것이다. 예를 들어 상사가 보고서를 요청한다면, 그 목적은 자신의 권한을 어떻게 발휘해야 '당신이 성과를 더 잘 낼 수 있을지' 파악하기 위함이다. 그렇다면 대면보고가 되었든 서면보고가 되었든 간단한 이메일이나 메신

저가 되었든 당신이 성과를 더 잘 내려면 무엇이 필요한지 보고 내용에 잘 담아내는 것이 중요하다.

나아가 '상사의 입장'을 조금 더 고려한다면 상사에게도 상사가 있음을 어렵지 않게 알 수 있다. 이 점을 헤아린다면 상사에게 보고하지 않은 일을 갑자기 터뜨려 상사를 곤경에 빠뜨리는 일은 없을 것이다. 중간에서 대처하기 곤란한 서프라이즈를 반길 상사는 없다. 상사에게도 상사가 있다는 점을 명심하자. 특히나 상황이나 결과가 좋지 않을 것이라 예상되는 경우에는 미리 보고하여 상사도 대비할 수 있게 해야 한다.

상사는 단순히 업무를 지시하기만 하는 사람이 아니다. 마찬가지로 나도 상사의 지시만 이행하는 사람이 아니다. 나와 상사는 조직의 성과를 함께 만들어가는 여정의 '동행자'라는 점을 잊지 말자. 상사에게 지시와 지원을 받기만 하는 프레임에서 벗어나 '상사의 니즈를 파악하면 나도 그를 도울 수 있다'는 마인드로 전환해보자. 상사의 상황에 공감하고 도움과 지원을 주고받으며 더 큰 성과를 창출할 수 있을 것이다.

부족함으로부터
배우는 리더인가?

리더가 되고 나면, 자신이 관리하고 지켜야 할 범주가 생각보다 넓다는 사실에 당혹감을 느끼게 된다. 팀원일 때는 나 혼자만 잘하면 됐지만, 리더가 되면 팀 전체가 잘하도록 만들어야 한다. 우리 팀원들의 역량이 회사 내 다른 팀과 비교되어 평가받고, 나는 개인의 역량이 아닌 리더의 역량으로 평가받는다. 내가 아닌 사람들을 통해 성과를 내야 하고 그것을 책임져야 하는 상황에 중압감을 느끼고 위축되다 보면 주변에서 들려오는 직간접적인 피드백이 모두 '나를 향한 공격'처럼 느껴지기도 한다.

사업 조직을 맡고 처음 직원 설문 결과를 받았을 때의 충격이 지금도 생생하다. '리더가 너무 달린다, 오직 실적 달성만을 최우선 가치로 두는 것 같다, 리더가 너무 바빠 개인적인 상담을 요청할 수가 없다, 일과 개인적인 삶의 균형이 불가능하다' 등의 피드백이 빼곡히 쓰여 있었다. '열정적이다, 고객 중심적이다, 리더가 솔선수범하니 열심히 하지 않을 수 없다' 등의 긍정적인 피드백도 있었지만 '비슷한 급여의 외부 기회가 있다면 이직을 고려하겠는가'라는 질문에 '예'라고 답한 팀원의 수가 생각보다 많았다.

돌이켜보면 나는 '목표란 무조건 달성해야 하는 것'이라는 소신이 있는 데다, 처음으로 사업팀을 맡아 잘하고 싶은 마음과 내 역량을 보여주어야 한다는 부담이 컸던 것 같다. 그래서 누구보다 열심히 일했고, 집에서 아이들이 눈 빠지게 기다리고 있을 텐데도 팀원들의 사기를 생각해 회식도 자주 했다(지금은 아니지만 그때는 회식이 팀워크를 강화하고 고생하는 팀원을 위로하는 방법이라 생각했다). 그렇게 애쓴 나에게 가혹한 평가를 한 팀원들이 실망스럽고 원망스러웠다. 그래서 한동안 팀원들의 얼굴을 쳐다보는 것도 괴로웠다.

팀원들의 불만을 해결하고 팀을 잘 이끌어가려면 어떻게 해야 하나 며칠을 끙끙 앓으며 고민했다. 결국 나는 설문 결과를 팀원들과 공유했다. 그리고 진지하게 이야기해보기로 하고 전체 미팅을 소집했다. 우선 솔직하게 피드백을 해준 것에 대해 고마움을 표시했다. 그런 다음 팀원들이 제기한 문제들을 개선하기 위해 어떻게 하는 것이 좋을지 허심탄회하게 논의했다.

팀 리더십 개선을 위한 브레인스토밍 회의는 성공적이었다. 상당히 껄끄러운 주제였음에도 팀원들의 목소리를 가감 없이 공개하고, 실망과 원망이 섞인 나의 마음까지 털어놓자 저마다 미안한 마음, 불편한 마음을 지우려는 듯 적극적으로 회의에 동참했다. 모두가 인지하고 있지만 막상 누구도 입을 떼기 어려운 껄끄러운 문제를 흔히 '방 안의 코끼리Elephant in the room'라 한다. 리더가 이런 껄끄러운 문제를 용기 있게 꺼내니, '리더가 저만큼 내려놓았는데, 나도 노력해야지' 하는 정서가 긍정적으로 작용한 것 같았다. 리더십에서 출발한 사안이었지만 브레인스토밍 회의를 갈무리하면서 우리 팀이 함께 실행해볼 몇 가지 변화 계획을 세울 수 있었다. 이후에도 변화 계획이 실행되는 상황을 공유하고 피드백을 받으면서 조금씩 내 리더십을 개선해 나갔다.

제아무리 유능한 실무자도 팀장이 되는 순간 '초보 팀

장'으로 새롭게 부여된 업무를 시작해야 한다. 문제는 팀장이라는 역할이 익숙하지 않고 서툰 것이 당연한데도 이전의 평가에 얽매여 곧바로 유능한 팀장으로 평가받고 싶어 한다는 것이다.

이런 이유로 초보 팀장은 힘들어도 힘들다고 말하지 못하고, 부족해도 부족함을 드러내지 못한 채 속앓이를 하고 점점 스트레스만 쌓여간다. 어설프게 리더의 권위를 내세우려다 오히려 팀원들의 목소리를 듣지 못하거나 무시하게 되는 악순환에 빠지기도 한다. 강하고 완벽해야 한다는 강박관념은 아이러니하게도 실패할지 모른다는 두려움으로 이어지기도 한다. 나 자신도, 팀원들도 모두 부족하다는 생각 때문에 함께 일하는 사람들을 칭찬할 마음의 여유를 갖기도 어렵다. 이렇게 조바심을 내며 일하면 업무상 중요한 타이밍도, 사업적으로 좋은 기회도 포착하지 못한다.

더러는 과거의 나처럼 '아직도 할 일이 태산인데 순탄한 업무 흐름에 안주하면 안 된다'고 생각해 팀을 과하게 몰아붙이기도 한다. 그러다 일이 잘못되기라도 하면 누구의 잘못인지 찾아 나선다. 문제를 해결하기 위해 원인을 찾는 게 아니라 책임을 떠넘기려 전전긍긍하는 것이다. 리더가 이러하면 팀원들은 기대를 접고 슬금슬금 마음의 문을 닫는다. 그리고 그 팀은 어느덧 '침묵의 팀'이 된다. 그런 팀은 문제가 발생해도 적극적으로 보고하지 않고 리더와 함께 해결책을 찾기보다 은폐하기 급급하다. 입을 열지 않는 것이 상책이라고 여기는 것이다.

사람들에게 사랑받고 인정받고 싶은 것은 인간의 자연스러운 욕구다. 리더가 되면 더욱 그렇다. 그래서 무언가가 잘못되었거나 어려운 일이 닥쳤을 때 자신의 부족함을 인정하기가 쉽지 않다. 그렇기에 초보 팀장이라면 더욱더 혼자 일하는 것이 아니라 공동의 노력으로 성과를 달성한다는 사실을 의식적으로 상기할 필요가 있다.

팀장은 혼자 일을 짊어지는 사람이 아니라 팀워크를 이루고 팀원들과 더불어 문제를 풀어가는 사람이다. 이런 관점으로 생각하면 자신의 '부족함'을 다르게 바라볼 수 있다. 감당하기 힘든 목표에 혼자 스트레스를 받거나 위임된 권한을 무절제하게 휘두르는 것이 아니라, 오히려 팀원들에게서 문제를 풀어갈 힘을 얻을 수 있다.

설령 감당하기 힘든 목표가 주어지더라도 그것을 달성하기 위해 무엇을 해야 할지 팀원들과 머리를 맞대고 함께 고민하는 것이 리더의 역할이다. 그 과정에서 어려운 문제는 함께 풀어야 할 '우리'의 과제가 되고, 팀원 각자의 역할에도 의미가 부여된다. 팀원들에게 무조건적인 충성을 강요할 이유가 사라지고 서로를 함께 여행하는 '동행자'로 인식하게 되는 것이다.

〈취약성의 힘〉이라는 TED 강연으로 유명한 브레네 브라운은 자신의 저서 《마음 가면^{Daring Greatly}》에서 나약함과 부족함을 이겨내고 간절히 바라는 사람이 되려면 갑옷과 투구를 벗고 자신의 진짜 모습을 보여주어야 한다고 역설한다. 부족함을 인정한다고 해서 나약한 것이 아니다. 약한 모습을 숨기고 겉으로 강한 척하는 것보다 자신의 부족함을 인정할 때 훨씬 더 강해질 기회가 생긴다.

리더의 역량은 함께하는 팀에서 나온다. 누구나 강한 척하는 리더가 아니라 자신의 부족함을 솔직히 드러내고 팀원들과 함께하려는 리더에게 힘을 실어주고 지혜를 보태는 법이다. 리더 스스로 빈틈을 내보이고 팀원들이 건네는 건강한 피드백을 수용한다면 언제라도 성장할 기회를 얻을 수 있다. 이것이 바로 허술해 보일지라도 자신의 모습을 있는 그대로 드러내는 용기가 필요한 이유다.

내게는 쓴소리를 해줄
코치가 있는가?

"저희 팀은 '인싸insider'와 '아싸outsider'로 나뉩니다. 팀장님은 유능하다고 생각하는 직원들에게만 중요한 일을 몰아줍니다. 그들이 인싸죠. 저는 팀장님께 제 능력을 보여드릴 기회가 없어 '아싸'가 되었습니다. 주요 업무에 참여하지 못하고, 열의도 없이 회사를 다니고 있습니다. 한창 일을 배우고 성장할 나이에 이렇게 지내는 제가 너무 한심하지만 어렵게 입사한 데다 복지와 처우도 좋은 직장이라 이직을 결정하는 것이 쉽지 않습니다. 저는 어떻게 해야 할까요?"

내가 운영하는 유튜브 채널 '어른친구'에 대기업에 다니는 직장인이 보낸 사연이다. '어른친구'에는 상사나 동료와의 갈등, 커리어에 대한 고민 등 직장인들의 다양한 사연이 들어오는데, 리더 때문에 힘들다는 사연이 가장 많다. 그분들께 조언을 해주면서도 늘 마음 한 켠이 아리고 무겁다. '팀원들을 힘들게 하는 리더에게 좋은 코치가 있다면 상황이 달라질 텐데' 하는 안타까운 생각도 든다.

내 주변에는 리더십 코치로 일하는 분들이 있다. 그분들의 코칭 대상은 주로 대기업 임원들이다. 임원을 일대일로 만나 그들이 겪는 어려움의 실체를 함께 밝히고, 이를 극복하여 리더로서 더 성장할 수 있도록 하는 것이 그들의 역할이다. 그런데 코칭 대상으로 선정된 임원들의 공통적인 첫 반응은 '내가 왜?'라고 한다. "내가 무엇이 부족해서 코칭을 받아? 이제 자리를 비우라는 시그널인가?" 하고 언짢아하는 사람도 있고, "충분히 잘하고 있는데 무슨 코칭?"이라고 말하며 방어적인 태도를 보이는 사람도 있다고 한다.

그렇다면 어떤 리더들이 코칭을 받아야 할까? 리더에게 반드시 코칭이 필요한 것일까?

비즈니스와 기술 분야의 전설적 리더인 구글의 전 CEO이자 이사회 의장 에릭 슈미트Eric Schmidt에게는 빌 캠벨Bill Compbell이라는 코치가 있었다. 에릭 슈미트의 리더십 아래 구글은 빠르게 성장하여 우리가 알고 있는 글로벌 기술 기업으로 자리매김했는데, 이런 엄청난 성공의 이면에 빌 캠벨의 코칭이 있었다고 한다. 에릭 슈미트는 구글의 CEO로 합류하고 얼마 지나지 않아 빌 캠벨의 코칭을 받기로 한 결정이 자신의 경력에서 가장 중요한 결정 중 하나였다고 회고한다.

빌 캠벨은 에릭 슈미트뿐 아니라 애플의 스티브 잡스 Steve Jobs 등 탁월한 기업가들을 코칭하기도 했다. 전직 풋볼 선수이자 코치였던 그는 마흔에 가까운 나이에 비즈니스 세계로 활동 무대를 옮겨 코닥, 애플 등에서 일했고, 자신의 회사를 키워 성공적으로 매각하기도 했다. 그가 코칭한 기업들은 수천억 달러 가치의 기업으로 성장했고, 그의 코칭을 받은 경영자들은 빌 캠벨의 코칭이 기업의 성장에 크게 기여했다고 입을 모았다.

'탁월한 지적 능력과 기술 그리고 뛰어난 리더십까지 갖춘 실리콘밸리의 CEO들에게 빌 캠벨은 무엇을 코칭했을까?' 이쯤에서 자연스레 드는 궁금증이다.

2016년 빌 캠벨이 사망한 후, 그의 코칭을 받은 에릭 슈미트와 동료들이 출간한 책《빌 캠벨, 실리콘밸리의 위대한 코치Trillion Dollar Coach》에 의하면 빌 캠벨은 선수들을 진정으로 아끼고 사랑하는 감독이 그러하듯 구성원들을 인간적으로 대하는 것을 중요하게 생각했다. 그는 구성원들과 진실된 관계를 형성하고 구성원들의 안정감과 헌신을 이끌어내는 방법을 가르쳤다. 또한 그는 '팀 퍼스트Team first'를 강조했다. 스타플레이어들을 모아놓았다고 해서 팀이 반드시 좋은 성과를 내는 것은 아니다. 그는 뛰어난 개개인이 팀워크를 이루어 최고의 성과를 낼 수 있도록 팀을 우선시하도록 했다. 나아가 '올바른 성공'을 추구하고 올바르게 이기는 것의 중요성을 강조하기도 했다. 올바르게 이기기 위해 서로 솔직하고 투명해야 하며 문제를 정면으로 맞서도록 코칭했다. 그는 '방 안의 코끼리를 외면하지 말고 모든 사람 앞에 드러내고, 사내정치가 아닌 진실로 승부하라'고 강조했다.

빌 캠벨은 이런 리더십 원칙하에 리더가 스스로를 객관적으로 바라보도록 돕고, 다른 사람들이 그들을 어떻게 보는지 이해하게 함으로써 자신과 조직에 중요한 변화를 일으킬 수 있도록 했다.

그렇다면 기라성 같은 리더들은 왜 코치가 필요하다고 생각한 것일까? 흔히 '리더'라고 하면 그의 충분한 경험치와 뛰어난 역량에만 주목하기 쉽다. 하지만 그 이면에 간과하기 쉬운 중요한 사실이 있다. 리더가 되고 더 높은 리더십 포지션으로 올라갈수록 자신에 대한 솔직한 피드백을 받기 어려워진다는 것이다. 리더 주위에는 듣기 좋은 말을 해주는 사람들이 점점 늘어난다. 이른바 '인의 장벽'에 둘러싸이는 것이다. 아무리 개방적인 문화를 가진 조직이라 해도 구성원 입장에서 리더의 문제점을 솔직하게 말하기란 무척 어려운 일이다. 또한 리더 자신도 이런저런 성공과 실패의 경험이 쌓이고 자신만의 판단 기준이 강화되어, 주위의 말을 듣기보다는 자의적으로 판단하려는 경향이 강해질 수밖에 없다.

바로 이 지점에서 리더가 코칭을 받아야 할 이유가 분명해진다. 코치는 리더가 스스로를 이해하고 자신의 문제를 인지할 수 있도록 돕는다. 개인이나 조직의 '사각지대'를 드러내주는 거울 역할을 해 리더가 듣지 못하고 보지 못한 것을 보여주고, 리더의 행동이나 말이 주위 사람들에게 어떤 영향을 미치는지 알려준다. 그럼으로써 리더가 '아하!'의 순간을 만나, 변화 의지를 갖고 행동에 나서도록 돕는 것이다.

서두의 사연에 등장한 팀장에게 좋은 코치가 있었다면 어땠을까? 코치는 팀장의 어떤 행동이 조직을 편 가르는지, 이른바 '아싸' 팀원들이 어떤 소외감을 느끼는지 알아차릴 것이다. 또한 실력 있는 사람에게만 중요한 일을 맡겨 당장의 성과를 내는 동안 나머지 팀원들은 성장 의지를 잃어가고 있음을 간파할 것이다. 만일 그 팀장이 훌륭한 코치의 도움을 받았다면, 자신이 만든 상황이 팀 문화와 성과에 나쁜 영향을 미친다는 사실을 깨닫고 개선하지 않았을까?

리더는 수많은 중요한 결정을 내려야 하며, 이 결정들은 종종 복잡하고 중대한 결과를 초래한다. 이때 비즈니스 경험이 풍부한 코치는 리더가 다양한 선택지를 평가하고, 가능한 결과를 예측하며, 균형 잡힌 의사결정을 내릴 수 있도록 도울 수 있다. 아울러 온갖 의사결정과 성과의 압박 속에서 일하는 리더들이 스트레스를 효과적으로 관리하고 회복탄력성을 높이는 방법을 찾는 데도 도움을 줄 수 있다.

물론 이 모든 코치의 역할은 리더 스스로 코칭을 받겠다고 결심해야만 빛을 발한다. 빌 캠벨은 코칭받을 준비가 된 사람에게만 코칭을 했다. 그는 "만일 자기 자신과 코치에게 솔직하지 않고 스스로가 완벽하지 않다는 것을 인정하지 못할 정도로 겸손하지도 않다면 코치와의 관계를 건강하게 발전시킬 수 없다"고 말했다.

영화 〈쿼바디스Quo Vadis〉에는 개선장군이 퍼레이드를 하는 장면이 나온다. 꽤 오래전에 본 영화이지만 매우 인상적이어서 지금도 기억하고 있다. 고대 로마의 전통에 따라 전쟁에서 승리한 장군이 개선식을 하는데, 개선장군 곁에 특이하게도 노예가 함께했다. 게다가 그 노예는 장군이 머리에 쓸 황금 월계관을 높이 치켜들고 목청껏 "메멘토 모리^{Memento} ^{Mori}(죽음을 기억하라)!"를 외쳤다. 얼굴을 붉게 칠한 뒤 네 마리의 백마가 이끄는 전차를 타고 수많은 군중 사이를 행진하는 개선장군이 되면 날아갈 것 같은 환희와 기쁨에 휩싸일 것이다. 한껏 높아진 자부심과 도취감을 가라앉히는 역할을 가장 비천한 노예에게 맡긴 것은 고대 로마인의 탁월한 지혜라는 생각이 든다.

코치는 이와 마찬가지로 비즈니스 필드에서 성공한 경영자들의 지나친 자만과 흥분을 가라앉히고, 차분히 초심을 상기할 수 있도록 돕는다. 그럼으로써 리더가 자기 자신을 돌보고 비전을 점검할 기회를 제공한다.

회사가 발 벗고 나서서 뛰어난 코치를 붙여준다면 더할 나위 없겠지만, 현실적으로 코치를 만나기 어려운 상황일 수도 있다. 그럴 때는 스스로를 객관화하고 차분히 초심으로 돌아가 기본과 원칙을 점검하고 비전을 상기할 수 있도록 마음속에 빌 캠벨 같은 코치의 자리를 마련해두는 것이 어떨까? 그리고 내가 제대로 하고 있는지 점검하고 싶을 때마다

물어보자. '이런 상황에서 빌 캠벨은 무어라 코칭할까?'

나는 코칭받을 준비가 되어 있는가^{Am I coachable}? 나 스스로에게 물어본다.

LEADERS

2

리더십의 본질은
변화를 이끄는 것이다

리더로서 변화의 본보기를
보여주고 있는가?

  기술이 빠르게 발전하고 그에 따라 전에 없던 새로운 형태의 비즈니스가 가능해지면서, 오늘날 기업들은 매일같이 변화에 직면하며 끊임없이 생존을 위협받고 있다. 단적인 예로 전 세계 69개국에 진출하는 데 72년이 걸린 호텔그룹 힐튼 앞에 호텔 하나 없는 경쟁자 에어비앤비가 나타나 3년 만에 89개국에 진출했고, 이 글을 쓰고 있는 2023년 10월 현재 이마트의 시가총액은 설립된 지 10년이 조금 넘은 쿠팡의 10분의 1이 채 안 된다. 오픈AI에서 챗GPT 서비스를 선보이고 생성형 AI 기술이 확산되기 시작하자 이미지 거래 사이트 게티이미지의 주가는 10분의 1로 떨어져 지금까지 헤매고 있다.

이렇게 비즈니스 환경이 급변하면서 절차와 매뉴얼에 따라 일하고 경험을 쌓으며 역량을 키워가던 익숙한 방식에도 큰 변화가 생겼다. 매뉴얼화할 수 있는 것들은 이미 오래전에 IT 시스템으로 대체되었고, 경험하지 못한 복잡한 것들만 인간의 몫으로 남겨지고 있다. 챗GPT 같은 AI의 등장과 확산으로 이 흐름은 더욱 가속화될 것이다.

이런 비즈니스 환경에서 일을 잘한다는 것 또는 생산성이 높다는 것은 어떤 의미일까? 분명한 것은 '숙련'은 더 이상 일을 잘하는 왕도가 아니라는 사실이다. 생산성이나 비즈니스의 성장을 '숙련'에 의지하기 어려운 환경이 되었다. 숙련은 일의 패턴을 찾아내 그것을 빠르고 효율적으로 해내는 것이 핵심인데, 고려해야 할 변수가 너무 많아졌다.

변화의 양과 복잡도도 엄청나 숙련으로 해결하기엔 역부족이다. 이제는 일에 숙련되기보다는 다양한 변수에 대응하고, 새로운 아이디어를 내고, 생각지 못한 해결책을 찾아내는 것이 중요해졌다. 아니, 엄밀히 말하면 그런 복잡하고 매뉴얼화하기 어려운 일들만 남겨지고 있다. 일찍이 제러미 리프킨[Jeremy Rifkin]이 갈파한 '노동의 종말'이 도래했으며, 인간에게 부여되는 일들은 '복잡하고 어려우며, 변화무쌍한 노동' 뿐이라 해도 과언이 아니다.

새로운 세대들은 이러한 변화를 몸으로 체감하면서 조직에 합류하고 있다. 아직도 변화를 읽지 못하고 과거 방식으로만 지휘봉을 휘두르는 사람들이 '꼰대'라 불리는 것은, 변화를 직시하지 못하는 선배나 상사의 모습이 자신들의 미래는 아니라는 젊은 세대의 선언인지도 모른다. 그들은 새롭게 주어진 무대에서 자신의 능력을 맘껏 발휘하며 성장하고 더욱 역량 있는 선수로 뛰고 싶어 한다.

이들에게 리더는 어떤 본보기를 보여주어야 할까? 리더 자신은 예전의 방식으로 성장했다 해도, 젊은 세대만큼의 체력과 기량을 갖추지 못했다 해도 그들의 페이스에 맞춰 성장과 성과를 이끌어내야 한다. 비즈니스 환경과 일하는 환경의 변화 그리고 그 안에서 활동하는 사람들의 변화가 새로운 리더십을 주문하고 있다. 이것이 바로 오늘날 코칭 리더십이 각광받는 이유다.

이 이름들을 들어보았는가? 피트릭 무라토글루, 프레디 로치, 필 잭슨, 부치 하먼. 아마 생소할 것이다. 그렇다면 다음 이름은 어떤가? 세레나 윌리엄스, 매니 파퀴아오, 마이클

조던, 타이거 우즈. 이번에는 익숙하지 않은가? 각각 테니스, 복싱, 농구, 골프 분야의 스타 플레이어다. 그리고 앞서 언급한 인물들은 이 선수들의 코치들이다. 대중은 유명 선수들만 기억하지만, 뛰어난 선수 곁에는 항상 훌륭한 코치가 있다. 이미 최고조의 기량에 도달해 더 배울 게 없을 것 같은 선수들 곁에 코치들이 있는 이유는 무엇일까?

스포츠 코치는 선수 개개인이 최고의 능력을 발휘하고 팀이 하나로 뭉쳐 승리를 향해 전진하도록 이끈다. 이를 위해 코치는 각 선수의 잠재력과 강점 및 약점을 파악하고, 이들이 자기 역할을 확실히 이해하고 최고의 기량을 발휘하도록 소통하고 피드백을 제공한다. 경기를 앞두었을 때는 선수들의 역량과 컨디션, 조화를 고려해 전략을 개발하고, 전략이 통하지 않아 팀이 고전할 때는 선수들이 패닉에 빠지지 않도록 안정시키고 새로운 승리 전략을 제시한다.

스포츠 코치가 그렇듯 회사의 리더도 코치의 역할을 할 때는 팀원에게 오너십을 부여해야 한다. 사실 이것이야말로 리더의 핵심적인 역할로, 팀원이 주어진 상황에서 어떻게 자기 역할을 잘해낼지 '스스로 생각하도록' 돕는 것이다. 그러기 위해 코치는 답을 주기보다는 질문하고, 팀원을 판단하는 대신 지원하며, 해야 할 일을 지시하는 대신 개발이 되는 방향으로 이끌어야 한다.

　　내가 일해온 B2B 세일즈 분야는 기존 고객과 좋은 관계만 유지하면 매출이 저절로 따르던, 이른바 '형님 비즈니스'가 통하던 시절이 있었다. 그러나 비즈니스 환경이 변화하며 고객이 처한 상황이 달라지고 경쟁도 치열해져 한 건을 수주하는 것조차 어려운 일이 되고 있다. 경험 많고 인맥 넓은 팀장인 내가 영업사원 대신 고객을 만나 문제를 해결해줄 수 있으면 좋겠지만, 하나의 몸으로 직접 뛰어줄 수 있는 딜이 몇 개나 되겠는가? 그리고 내가 뛰어 수주한들 그것이 팀원의 역량으로 남지 않는다면 무슨 의미가 있겠는가? 팀원들은 어려운 딜을 할 때마다 도움을 요청하는 눈빛으로 나를 쳐다보게 될 것이다.

　　강사로서 세일즈팀 리더들을 교육하는 나는 그들에게 코치의 역할을 주문한다. 몇 주째 계약이 진척되지 않고 '고객사의 의사결정이 늦어진다'는 보고만 반복하는 영업사원이 있다고 가정하자. 바로 이때 리더는 코치의 모자를 써야 한다. '다음 단계로 나아가지 못하는 원인은 무엇이라고 생각하나요?', '그 원인을 해결하는 방법에는 어떤 것들이 있을까요?', '그중 가장 빨리 시도해볼 수 있는 방법 또는 가장 효과가 좋은 방법은 무엇인가요?', '언제까지 실행할 수 있나요?', '제 도움이 필요한 부분이 있나요?' 이러한 질문을 던져 직원이 문제 해결의 주체로서 상황을 타개할 방법을 생각하고 행동을 취하도록 이끌어야 한다. 영업사원은 질문을 바탕으로 스스로 생각을 확장해갈 것이다. 정답을 지시받는 게 아니라 스스로 해답을 찾아가는 것이다. 그리고 무엇이 문제인지, 무엇을 해야 하는지 확실하게 이해하고 액션을 취할 것이다.

만일 비슷한 상황에서 다음과 같은 말이 오간다고 상상해보자. '몇 주째 상황이 그대로인데, 이게 말이 됩니까?', '담당자는 도대체 뭘 하고 있는 겁니까? 뭐라도 해봐야 하지 않아요?', '지난주와 달라진 게 없으면 윗분들께 뭐라고 보고합니까?' 이런 대화만 오가는 팀에 과연 발전적 변화가 일어나길 기대할 수 있을까?

때로는 팀원의 경험과 역량에 따라 좀 더 세부적인 가이드가 필요할 수도 있다. 코칭하는 리더라면 이런 경우에도 해답을 주기보다는 스스로 자신의 솔루션을 발견하도록 돕는 게 우선이다. 그럼으로써 팀원이 자신의 역할과 책임 그리고 목표를 명확히 인식하고, 그 역할을 자신이 소유하고 책임지게 해야 한다. 그 과정에서 팀원은 스스로 동기부여하

고, 역량과 능력을 최대로 발휘해 조직의 목표 달성에 기여
하면서 결과적으로 자신도 성장할 것이다.

물론 리더가 늘 코칭 방식만 고수해야 한다는 것은 아
니다. 코칭과 매니징은 서로 배타적이지 않으며, 상호보완적
인 관계에 있다. 훌륭한 리더라면 업무의 맥락과 팀원의 성
장 단계에 따라 매니저와 코치 중 어떤 역할이 적절한지 판
단할 수 있을 것이다. 코칭은 팀원들의 개인적인 발전과 창
의성을 촉진하고, 매니징은 이러한 노력이 조직의 전반적인
목표와 일치하는 방향으로 나아갈 수 있도록 지휘한다. 리더
는 이 두 가지 스타일을 상황에 따라 적절히 활용하면서 팀
원들이 변화하는 환경에 유연하게 대응하며 성장하도록 돕
고, 팀이 지속 가능한 성과를 창출하도록 노력해야 한다.

어떻게 해야 변화에
주도적인 팀이 될까?

　　모수자천毛遂自薦의 용기를 내 스스로를 지사장 후보로 추천하고 시트릭스의 한국지사장이 된 지 5년 정도 지났을 즈음, 한 글로벌 소프트웨어 회사로부터 채용 관련 연락을 받았다. 지사장을 찾고 있는데 내가 업계에서 평판이 좋아 관심이 많다고 했다. 그 회사는 한국 고객의 저변이 넓어 비즈니스가 잘된다는 소문을 들은 적이 있었다. 나는 지사장 후보 중 한 명으로 추천되어 인터뷰를 하게 되었고, 몇 번의 인터뷰를 모두 통과해 마침내 나의 최종 결정만 남았다. 지난 5년간 시트릭스의 비즈니스도 잘되었고, 이제는 나 없이도 조직이 잘 돌아갈 것이라고 생각했다. 그동안 열정적으로

93

몰입하느라 개인적으로 지치기도 했고, 새로운 도전과 활력을 불어넣을 계기가 필요했기에 나는 이 기회에 자리를 옮기기로 마음을 굳혔다.

그런데 계약서에 서명하고 입사일을 기다리는 동안 가기로 한 회사에 대한 좋지 않은 이야기를 듣게 되었다. 회사의 경영 및 조직 현황이 인터뷰 때 전해 들었던 것보다 훨씬 더 심각했다. 지난 3년 동안 밀어내기 영업으로 매출을 부풀리느라 조직 내부의 갈등도 많고, 파트너 생태계 역시 왜곡된 상태라고 했다. 1월 말에 합류하게 될 나에게는 이미 시작된 회계연도의 사업 목표를 달성하는 동시에 대수술 수준의 조직 혁신이라는 쉽지 않은 과제가 주어진 것이다.

가만히 앉아서 입사일을 기다릴 상황이 아니었다. 나는 지사장 부임이 최종 확정된 후 미리 받은 회사 메일 계정으로 전 직원에게 메일을 발송했다. 메일은 간략한 자기소개와 우리가 함께 만들어갈 미래에 대한 기대감으로 시작했다. 그리고 변화와 혁신에 조속히 착수하려면 직원들의 도움이 얼마나 절실한지 언급하면서 네 가지 질문에 솔직히 답해달라고 요청했다. 시간이 많지 않은 상황에서 판단 근거와 데이터를 최대한 확보하기 위함이었다. 네 가지 질문은 다음과 같았다.

1. 당신을 소개해달라. 간략한 자기소개와 이전 경력, 현재는 어떤 일을 하고 있는지 그리고 내가 알고 있어야 할 개인적인 정보가 있다면 알려달라.

2. 현재 비즈니스가 좋지 않다고 들었다. 당신이 생각하는 비즈니스의 문제점과 원인은 무엇인가? 당신이 지사장이라면 그 문제들을 어떻게 풀어갈 것인가?

3. 직원들의 사기가 많이 떨어져 있다고 들었다. 더 즐겁고 행복하게 일할 수 있는 회사가 되기 위한 제안을 해달라.

4. 신임 지사장으로 부임하는 나에게 기대하는 것은 무엇인가?

나의 진심이 통했는지, 며칠 만에 짧게는 2페이지에서 많게는 5페이지에 이르는 답장이 왔다. 하나같이 마음을 다해 쓴 답장이었다. 덕분에 나는 미처 파악하지 못했던 회사의 문제점과 해결 방안에 대한 100페이지에 달하는 비정형 데이터를 갖게 되었다. 그 안에는 직원 개개인의 신상 문제를 비롯해 각자 포지션에서 느끼고 분석한 문제점과 나름의 해결책도 담겨 있었다. 물론 지나치게 주관적인 내용도 있었고, 자기 위치와 역할에 시야가 국한된 의견도 있었다. 그럼에도 나는 이들 각자가 내린 진단과 의견들을 통해 조직과 직원들의 문제, 비즈니스가 안고 있는 문제를 매우 빠른 시간 안에 구체적으로 파악할 수 있었다. 앞으로 어떤 방향으로 조직을 이끌어가야 하는지, 시급히 판단하고 개선해야 할 것은 무엇인지 하나하나 정리가 되었다.

부임 첫날 나는 예정대로 전 직원과 미팅을 진행했다. 우선 특별히 시간을 할애해 의견을 보내준 직원들에게 감사의 인사를 전했다. 그런 다음 그들이 보낸 메일과 회사에서 공개한 데이터를 토대로 정리한 상황 진단과 문제의 원인들, 직원들이 제안한 해결책들을 공유했다. 그리고 해결책에 대해서는 각 팀에 누가 언제까지 실행할지 정리해달라고 요청했다.

이렇게 작성된 계획은 지난 몇 년간 누적된 문제를 해결하고 비즈니스를 정상궤도로 돌려놓을 마스터플랜이 되었다. 그 후 1년간 우리는 매월 전체 미팅을 통해 일의 진척 상황과 이슈를 점검하고 공유했다. 직원들은 자신의 목소리가 묵살되지 않고 리더에게 전달되었다는 사실만으로도 의욕이 생긴 것 같았다. 그 미팅 덕분에 사내 커뮤니케이션이 활성화되었으며, 직원들의 책임감과 주인의식도 높아졌다.

정기적인 미팅은 업무에 리듬을 부여했고, 직원들의 자

발적이고 적극적인 참여 속에 회사가 변화하면서 성과가 가
시적으로 나타나기 시작했다. 마침내 그해 말에는 비즈니스
도 정상으로 돌아왔다. 이후 전체 조직이 하나의 팀으로 건
강한 성과를 만들어가는 선순환의 사이클이 자리 잡았다.

이 과정에서 침체되고 흐트러진 조직을 건강한 조직으
로 회복시킨 경험은 내게도 큰 자산이 되었다. 새로운 조직
을 맡거나 큰 변화를 해야 할 때 어떻게 리더십을 발휘해야
하는지 다시 한번 배울 수 있었던 소중한 시간이었다.

조직을 이끌다 보면 크고 작은 변화를 도모해야 하는
상황이 온다. 변화를 일으켜야 할 때 가장 중요한 것은 구성
원들의 참여다. 변화를 위한 솔루션에 구성원들이 공감하고
자발적으로 동참할 때 실질적인 변화가 이루어질 수 있다.
이 과정이 없으면 구성원들은 그저 '떠밀려서 변화한다'고
느낄 것이다. 그동안 내가 여러 조직을 거치면서 성과를 낼
수 있었던 이유는 훌륭한 팀원들, 의욕 넘치는 팔로어들을
변화의 주체로 초대했기 때문이다. 나 하나를 변화시킬 때는
혼자 힘으로 가능할지도 모른다. 그러나 커다란 변화는 결코
혼자서 만들 수 없다. 함께 만들어야 한다.

리더가 동기부여할 수 있는
영역은 어디까지일까?

IT 분야 영업 직군에서 오랫동안 일하면서 정말 많은 사람을 만났다. 그들을 떠올려보면 회사 동료로 만난 분들보다 흥미롭게도 고객으로 인연을 맺은 분들과 교류가 더 많은 것 같다.

코로나19가 한창이던 2021년 여름, 오래전에 고객으로 만나 꾸준히 연락하고 지낸 지인 한 분이 함께 저녁 식사를 하자고 했다. 목소리를 들으니 상의할 게 있는 듯했다. 그분도 이제 50대 중반으로 접어드는 연배이니 퇴직에 대한 고민을 하시는가 짐작했는데, 식사 자리에서 의외의 이야기를 듣게 되었다.

그가 털어놓은 고민은 다름 아닌 직원들의 '퇴사 도미노'에 관한 것이었다. 그는 중견 금융기업의 IT부서에 신입사원으로 입사해 실력과 성실함을 인정받아 승진을 거듭한 끝에 본부장에 오른 역량 있는 인물이었다. 본부 내 팀장들도 본인이 직접 뽑아 오랜 세월 손발을 맞춰왔고, 인품도 훌륭해 평소 직원들의 신망이 높았다. 그러니 직원들이 퇴사할 만한 갈등을 겪은 적도 없고, 그 때문에 고민할 필요도 없었다. 그런데 코로나19 팬데믹 이후 직원들이 하나둘 떠나기 시작했다.

직원들의 퇴사 원인을 콕 집어낼 수 없었던 그는 자신이 직원들을 서운하게 한 것이 있는지 천천히 생각해보았다. 외부에서 스카우트 제의를 받을 만한 우수한 직원에게는 경영진을 설득하고 인사부와 실랑이를 벌이면서까지 성과급을 몰아주었고, 출퇴근길이 멀어 힘들어하는 직원에게는 주말에 가족들과 외식이라도 하라고 식사권을 사서 선물하는 등 직원 한 명 한 명 가족처럼 세심하게 살피며 동기부여를 해주었다. 그러나 직원들의 퇴사 도미노 앞에서는 이 모든 노력이 아무 소용없었다. 성과급을 몰아주었던 직원은 성과급을 받자마자 연봉을 높여 다른 곳으로 떠나버렸고, 출퇴근길이 멀어 힘들어하던 직원은 재택근무가 가능한 핀테크 기업으로 이직했다. 이러한 상황에 그는 거의 '멘붕' 상태에 빠져 있었다.

우리나라에서도 코로나19 이전부터 평생직장의 개념이 점점 사라지는 추세였는데, 그 흐름이 코로나19를 거치면서 더욱 가속화되었다. 젊은 직장인 중에 내 지인처럼 20년 넘게 한 회사에서 일할 거라 생각하는 이가 얼마나 되겠는가? 직장에 대한 인식이 이렇게 변화하는 시대에 조직을 이끄는 이들이 할 수 있는 일은 무엇일까?

2021년 8월 〈하버드 비즈니스 리뷰Harvard Business Review〉에 흥미로운 기사가 실렸다. '대퇴사가 걱정되는가? 그렇다면 떠나기 좋은 회사가 돼라Worried About the Great Resignation? Be a Good Company to Come From'라는 제목의 기사에는 직원들의 퇴사가 걱정된다면 오히려 떠날 기회를 많이 제공하는 곳이 되어야 한다는 내용이 실려 있었다. 또한 650명의 매니저를 대상으로 진행한 설문 결과도 함께 실려 있었다. 일반적으로 직장인들의 동기부여에 가장 큰 영향을 주는 인자가 무엇인지 물었다. 제시된 항목은 다음 다섯 가지였다. 이 가운데 무엇이 가장 큰 영향을 주었을까?

- 인센티브
- 명확한 목표
- 인간적인 지지
- 인정
- 진전을 가능케 하는 지원

기사에 따르면 650명의 매니저는 '인정'을 영향이 가장 큰 인자로 꼽았다. 그런데 흥미롭게도 매니저가 아닌 직장인들에게 묻자 다른 결과가 나왔다. '진전을 가능케 하는 지원'이 가장 크게 동기부여된다고 답한 것이다. 팀원들은 자신의 개인적, 직업적, 비즈니스적인 목표에 가까이 갈 수 있도록 지원받고 코칭받을 때 큰 힘을 얻는다는 의미다.

조직혁신 전문가 테레사 에머빌Teresa Amabile은 자신의 저서 《전진의 법칙The Progress Principle》에서 '사람들은 진전을 이루어내고 있다고 느낄 때 성공의 의지가 가장 커진다'라고 했다. 사람들이 '오늘 최고였어'라고 하는 날도 일에서 진전을 이룬 날이었다. 저자는 지식 노동자Knowledge Worker들에게 매일 그날의 감정과 동기에 대해 점수를 매기고 무슨 일이 일어났는지 간단하게 써보게 하여 1만 2,000여 건의 데이터를 분석했다. 그 결과 사람들이 긍정적인 기분과 동기가 고양된 상태를 유지한 날은 일에서 작더라도 진전이 있는 날이었던 것으로 나타났다. 일이 계획대로 추진된 날, 누군가의 도움으로 어려움이 있었던 일을 해결한 날, 사람들은 긍정적인 감정을 느끼고 성공하고 싶은 마음이 커진다. 반대로 계획했던 일을 추진하기 어려워지면 기분도, 동기도 떨어진다.

그렇다면 팀원들의 동기부여를 위해 리더가 할 일은 무엇일까? 팀원들이 목표를 세우고 그 목표를 실현해갈 수 있도록, 하루하루가 한발 한발 나아가는 날이 될 수 있도록 도움을 주는 것이 아닐까?

사회 초년생 시절, 남들 보기에 번듯하지 못한 직장에서 일하며 아쉬움을 떨치지 못했던 나에게 한 줄기 등대 불빛처럼 느껴진 글귀가 있었다.

'평생직장은 없어지고 고용은 아웃소싱이나 프로젝트 형태로 변화하여 계약을 통해 거래가 이루어지는 현물 시장과 비슷해질 테니 일자리 선택의 기준은 그 자리에서 내가 얼마나 기량을 쌓을 수 있는지가 되어야 한다.'

구본형 선생의 《그대, 스스로를 고용하라》의 한 구절이다. 나는 이 구절에 밑줄을 긋고 힘들고 지칠 때마다 펼쳐보았다. 그러면 나 자신을 바라보는 시선에도 아쉬움 대신 뿌듯함이 차올랐다. 대학 동기들에 비해 턱없이 적은 월급을 받으며 밤낮없이 일했지만 하루하루 열심히 일하며 성장하는 나를 발견할 때마다 스스로를 대견하게 여길 수 있었다. 또한 그런 기회를 준 회사는, 비록 남들에게는 대단할 것 없어 보였을지 몰라도 내게는 한없이 고마운 존재로 느껴졌다.

직원들이 회사를 떠나지 않게 하는 방법은 여러 가지가 있을 것이다. 연말 고과평가를 잘해주어 인센티브를 더 받게 하거나 승진으로 급여를 올려줄 수도 있다. 그렇지만 누구보다 노력하고 역량도 탁월한 직원이라면 이를 '회사의 호의'가 아니라 '당연한 권리'로 생각할 것이다. 이른바 '신상필벌信賞必罰'은 리더의 기본적인 역할이자 직무이지 직원들에 대한 플러스알파일 수는 없다. 그것만으로는 떠나는 직원들을 붙잡을 수 없다는 말이다.

그보다는 직원들이 보다 명확한 커리어 목표를 갖도록 돕고, 리더인 자신과 함께 일하면서 성장하며 그 목표를 향해 나아갈 수 있도록 지원한다면 회사를 달리 보기 시작하지 않을까? 물론 어느 정도 성장한 직원은 더 나은 기회를 위해 떠날 수도 있지만, 회사와 팀이 직원들이 꾸준히 성장할 수 있는 훌륭한 토양을 제공한다면 그 과정에서 팀이 성과를 내는 것은 물론이고, 인재를 키워내는 요람으로 자리매김할 수 있을 것이다. 과정으로나 결과로나 개인과 회사 모두에게 윈 윈이다.

그날 나와 지인은 '대퇴사의 시대'에 관해 깊은 대화를 나누었다. 그는 자신이 할 일이 좀 더 선명해졌다고 했다. 앞으로도 그는 직원들의 퇴사를 막지 못할 수도 있다. 하지만 직원과 회사의 관계를 기존과 다르게 바라보는 연습을 한다면, 모두에게 발전적인 새로운 비전과 패러다임을 만들어낼 수 있을 것이다.

비전 없이 변화만
요구하고 있지는 않은가?

리더란 언제나 변화에 가장 많이 노출되는 사람이다. 외부에서 발생한 변화를 맞을 때도, 팀과 함께 스스로 변화를 만들어낼 때도 마찬가지다. 나 역시 치열한 기업 현장의 변화를 수십 년간 마주해왔다. 그러는 동안 내내 내 머릿속에서 이런 질문이 떠나지 않았다. '변화를 적극적으로 이끌어내는 리더는 어떤 모습이어야 할까?'

변화 리더십에 대해 생각할 때면 늘 머릿속에 떠오르는 이야기가 하나 있다. 오래된 유머 시리즈에 소개될 법하지만, 변화 앞에서 구성원을 이끄는 리더십의 차이를 이해하는데 도움이 된다.

나의 유년기에는 욕조를 갖춘 집이 거의 없었다. 그러니 따뜻한 물에 몸을 담그고 목욕하는 호사를 누리기가 힘들었다. 그런데 언제부턴가 대중목욕탕이 생겨나더니 그곳에 가서 때를 불려 미는 것이 명절맞이의 하나로 자리 잡았다. 아이들은 김이 모락모락 나는 탕이 뜨거울까 봐 들어가지 않으려 버티곤 했는데, 이때 아이를 탕 속으로 이끄는 아버지들의 리더십 스타일이 사뭇 달라 개그의 소재가 되기도 했다.

갑돌이 아버지는 아이에게 다짜고짜 탕에 들어가라고 명령한다. 그래도 갑돌이가 들어가지 않고 버티자 갑돌이의 등을 찰싹 소리 나게 때리고는 아이 손을 잡아 탕에 끌고 들어간다.

을동이 아버지는 탕에 먼저 들어가 을동이를 보며 기분 좋게 말씀하신다. "어 시원하다. 을동아, 여기는 하나도 안 뜨겁고 시원하다. 너도 얼른 들어와라." 아버지의 말을 믿고 탕에 발을 담근 을동이는 "앗 뜨거, 아빠 거짓말쟁이!"라고 외친다. 솔선수범하여 모범을 보였으니 갑돌이 아버지보다 한 걸음 나아간 리더십이지만, 아이의 공감은 얻지 못했다.

마지막으로 병두 아버지는 상당히 전략적이고 설득적이다. "병두야, 저 사람들도 처음에는 탕이 뜨거웠을 거야. 하지만 조금 참으니 금방 적응되어 지금은 편안해 보이잖니.

자, 아버지를 따라 들어와라. 친척 아이들 중에서 제일 깨끗한 모습으로 세배하면 세뱃돈도 가장 많이 받을걸?"

병두는 주변 어른들의 칭찬을 받으며 스스로 탕에 들어간다. 병두는 자신이 하게 될 행동을 이해하고 수긍한 것이다. 변화가 필요한 배경과 맥락을 충분히 공유하고 설득하는 작업을 빠뜨리지 않았다는 점에서 병두 아버지는 을동이 아버지와 격이 다른 리더십을 발휘했다.

변화를 이끄는 미션 앞에서 리더의 조직 운용은 다양한 양상을 보인다. 목욕탕의 세 아버지처럼 나도 다양한 형태의 리더십으로 팀원들을 이끈 경험이 있다.

기업고객을 대상으로 하는 B2B 비즈니스는 대체로 1년 주기로 이루어진다. 기업마다 회계연도가 조금씩 다르지만 대개 11월쯤 당해연도의 실적을 돌아보며 이듬해 사업을 어떻게 진행할지 계획하고, 1월부터 계획에 따라 실행에 옮긴다. 상장기업이라면 간혹 중간에 실적 예상치를 변경하기도 하지만 연간 계획이 크게 바뀌는 경우는 거의 없다. 내가 일한 영업 현장에서도 시장 환경의 변화에 따라 분기별 계획이 일부 수정되곤 했지만 조직이나 비즈니스 방향 등 큰 틀에서의 계획은 연초에 수립한 전략을 바탕으로 실행되었다.

2008년에도 나는 연간 사업 계획을 실행해 나가고 있었다. 그런데 그해 봄부터 고객들이 투자 의사결정을 하나둘 늦추더니 취소되는 프로젝트가 생기기 시작했다. 결국 내가 맡은 한국팀은 목표를 밑도는 실적으로 상반기를 마감했다. 나는 이런 상황에서는 하반기도 크게 나아지지 않을 것 같다는 생각이 들었다. 실행하면서 계획을 조금씩 조정하는 정도로는 상황을 타개할 수 없을 게 분명했다. 기존의 영업 기조를 근본적으로 변화시킬 필요가 있었다.

나는 경기에 영향을 덜 받는 업종과 고객사 위주로 영업팀을 재편하기로 결정했다. 제품도 수주까지 6개월 이상 걸리는 '있으면 좋은' 제품이 아니라 3개월 안에 계약이 완료될 수 있는 필수품 위주로 판매하기로 했다. 7월 어느 날, 최대한 빨리 실행하지 않으면 연간 목표의 80%도 달성할 수 없겠다는 생각에 전 직원을 모아놓고 새로운 계획을 발표했다.

당시만 해도 리더로서 경험이 많지 않았던 나는 직원들이 선뜻 내 계획을 따라줄 것이라고 생각했다. 상황이 매우 심각했기에 전략 변경이 당연하다고 판단했기 때문이다. 그래서 지금껏 그래왔듯 직원들이 '으쌰으쌰' 하며 따라주리라 기대했다. 하지만 직원들의 반응은 차갑기만 했다. "연중에 고객사를 변경하면 제 인센티브는 어떻게 되는 건가요?", "필수품을 기술지원하는 사람은 저뿐인데, 늘어나는 일을 어떻게 다 감당하나요?" 하나같이 자기 사정을 말하며 부정적인 반응을 보였다. 한국팀이 속한 아시아태평양 본부에서도 마케팅 예산을 변경하는 것에 대한 협의가 끝났는지 확인하는 등 각자 자신의 이해관계에 대해서만 질문을 쏟아냈다.

나는 당혹감을 감출 수 없었다. 누구보다 비즈니스를 잘 알고 가장 현실적인 계획을 세웠다고 생각했는데, 분위기는 전혀 아니었다. 상반기의 부진한 실적에 직원들 모두 의기소침해진 것은 이해하지만, 조직의 목표보다는 자신에게 미칠 영향만 생각하는 직원들의 모습에 적잖이 당황했고 실망도 컸다. 결국 우리는 그 자리에서 나온 문제들 가운데 몇 가지를 반영해 계획을 수정한 후 새 계획에 따라 하반기 사업을 진행했다.

그렇게 한창 사업을 진행하고 있는데, 미국의 투자은행 리먼브라더스가 파산 신청을 하는 등 내가 직감했던 위기 상황이 급박하게 전개되었다. 그로 인해 직원들의 불만은 수면 아래로 내려갔고, 사전에 시장 악화를 예측하고 비즈니스 방향을 변경한 전략이 주효해 우리는 그다지 나쁘지 않은 성적으로 2008년을 마무리할 수 있었다.

시장의 거시적 환경 변화는 주기성이 있다지만 현장에서 직면하는 변화는 변덕스러운 초여름 날씨와 같다. 그로 인해 리더는 외부 환경 변화에 그때그때 대응해 내부 변화를 이끌어야 할 상황에 심심찮게 맞닥뜨리게 된다. 이때 '변화해야 한다'는 당위성에만 매몰되면 자칫 잊기 쉬운 것이 있다. 바로 변화에 대한 구성원들의 두려움과 저항감이다.

아무리 의도가 좋다 해도, 변화는 그 속성상 미래에 대한 불확실성을 내포하고 있다. 그리고 앞으로 펼쳐질 상황에 대한 불확실성은 필연적으로 두려움을 낳는다. 새로운 방식이나 환경에 적응하는 과정은 익숙함에서 벗어나 새로운 것을 익히는 노력과 학습을 필요로 하고, 그에 따른 불편함도 가시화될 것이기 때문이다. 이처럼 변화를 직면하는 일은 쉽지 않기에 역설적으로 '피할 수 없으면 즐겨라'와 같은 말이 나온 건지도 모른다.

조직 내에 변화를 일으키고 싶다면 우선 직원들의 불안감에 공감하고, 변화의 비전을 직원들과 공유할 필요가 있다. 병두 아버지처럼 변화가 필요한 이유와 배경을 잘 설명하고, 직원들 각자의 걱정이 공감받고 지원받을 수 있다는 확신을 주고, 변화가 성공적으로 이루어졌을 때의 모습을 그려준다면 변화의 성공 확률은 훨씬 높아지지 않을까?

다른 세대 친구를 사귀는 일에
마음이 열려 있는가?

몇 해 전 대기업 건설회사에서 현장 소장으로 일하는 지인에게서 만나자는 연락이 왔다. 저녁 시간에 만난 그는 최근 겪은 황당한 사연을 털어놓으며 연거푸 소주를 들이켰다. 그가 맡은 현장은 제법 규모가 있는 편인 데다 공사 기한도 빠듯해 토요일에도 공사를 진행했다. 그로 인해 현장 직원들도 월 2회 토요일 근무를 해야 했고, 자연스럽게 불만이 쌓여갔다. 그 역시 20대 아들이 둘이나 있는 터라 젊은 직원들의 불만이 충분히 이해되고 마음이 쓰였다. 고민하던 그는 토요일 점심만이라도 그들이 좋아하는 음식을 먹이고 싶어 햄버거를 제공하기로 했다. 그리고 아들들에게 물어 젊은 사람들이 좋아한다는 A 브랜드의 햄버거를 매주 주문했다.

그로부터 두어 달 후, 그는 회사 감사팀으로부터 연락을 받았다. 깜짝 놀라 확인해보니 현장 직원이 '소장과 A 햄버거 매장의 관계가 의심스러우니 감사를 해달라. 몇 달째 토요일 점심으로 같은 햄버거가 제공되는데, 소장이 이 회사에 투자를 했거나 지인의 가게인 것 같다'는 내용의 투서를 감사팀에 보낸 것이었다. 다행히 비리 의혹은 벗었지만, 직원들을 위하려다 오해만 산 지인은 당혹스러움을 감출 수 없었다고 했다. 씁쓸해하는 그를 보며, 다른 세대를 이해하고 포용하는 것이 이렇게나 어렵고 조심스러운 일임을 새삼 느꼈다.

2019년에 《밀레니얼과 함께 일하는 법》이라는 책이 출간되어 화제를 끌 정도로, 밀레니얼과 함께 일하는 것이 기성세대의 커다란 숙제로 떠올랐다. 그로부터 몇 년이 흐른 지금은 밀레니얼의 뒤를 이어 Z세대가 사회생활을 시작했고, 그들과 함께 일하는 리더들 역시 어려움을 토로하고 있다.

돌이켜보면 나 또한 부모님 세대, 가까이는 선배 세대와 가치관뿐 아니라 감성도 많이 달랐던 것 같다. 세상을 바라보는 관점은 물론이고 일을 대하는 태도, 서로가 기대하는 바람직한 리더의 모습도 모두 달랐다. 좀 더 오래 살았다는 이유로 존경을 요구하는 직장 선배의 암묵적 강요가 부당하다고 생각했다.

나의 지인은 현장 소장으로서 젊은 직원들과 일하는 게 힘들다고 했는데, 과연 그 젊은 직원들은 기성세대와 일하는 것이 어땠을까? 서로 다른 시공간을 살아오면서 만들어진 간극을 고작 햄버거 하나로 메울 수 있다고 생각한 건 너무 순진한 발상이 아니었을까? 워라밸을 중요하게 여기고, 회사생활과 개인생활을 엄격히 구분하는 세대에게 토요일에도 출근하라는 주문은 어떤 메시지로 다가갔을까? 심지어 점심 메뉴를 선택할 권리마저 박탈했으면서 토요일 근무의 불만이 해소되길 바랐다면, 그들 입장에서는 그야말로 '꼰대는 못 말려'가 아니었을까?

낯선 상대에게 다가가려면 진심은 물론이거니와 각별한 노력이 필요하다. 연애를 잘하기 위해 관련 책을 읽고(요즘은 챗GPT에 물어보려나?) 영화도 보고 선배나 연애 고수를 찾아가 조언을 구하듯, 다른 세대와 함께 일하려면 그들을 잘 알고 이해하려는 특별한 노력이 필요하다. 그들과 관계 맺고 함께 일하는 방법을 보다 적극적으로 공부해야 한다.

지인과의 만남 이후 나 자신은 함께 일하는 다른 세대

를 얼마나 이해하고 있는지 돌아보았다. 어느새 나 역시 기성세대가 되어 있었고, 업무와 일상에서 어울리는 그룹도 내 또래로 한정되어 있었다. 조개를 잡으려면 갯벌에 발부터 담가야 하고, 수영을 배우려면 물에 들어가야 한다. 다른 세대를 제대로 이해하려면 그들 속으로 들어가야 한다는 생각에 그날 나는 '업무 외에 새로운 만남을 가질 때는 가급적 40세 이하를 만난다'는 다소 생뚱맞은 다짐을 했다.

이 다짐 덕분에 나는 다른 세대에 대한 이해를 높이는 것은 물론이고, 기대하지 않았던 의외의 만남과 배움의 기회도 얻었다. 링크드인에서 내게 말을 걸어온 20대 친구들을 만나면서 그들과 함께 유튜브 채널을 시작했고, 2024년 7월 기준으로 1만 명에 가까운 구독자를 만날 수 있었다. 또한 우연히 참석한 북토크 행사에서 30대 작가를 만난 뒤 동기부여가 되어 난생처음 책을 쓰기도 했다. 지금도 나는 참가비를 내고 각종 '밋업'에 참가하기도 하고, 스타트업의 경험을 공유하는 웨비나에도 종종 접속한다.

나는 다른 세대와 교류하면서 실로 많은 것을 배우고 성장했다. 책 쓰기 과정을 함께한 서민규 코치는 나의 경험을 누구보다 진지하게 들어주었다. 그는 제삼자의 시각으로 내게는 그리 특별하게 여겨지지 않는 내 일과 삶의 여정에서 젊은 세대가 공감할 만한 빛나는 인사이트를 찾아주곤 했다. 그렇게 완성한 책《나를 믿고 일한다는 것》은 지금도 독자 리뷰가 꾸준히 올라오는데, 대부분 20~30대. 서민규 코치의 코칭 덕분에 젊은 세대에게 공감을 받을 수 있었던 것 같다.

유튜브를 함께 시작한 준현 님과는 세일즈라는 공통 경험을 살려 스타트업을 지원하는 'B2B 세일즈 101' 콘텐츠를 제작했는데, 이때 세일즈에 IT를 적극 활용하는 '디지털 세일즈'를 제대로 배울 수 있었다. 관계 중심의 영업 환경에서 일해온 나로서는 새로운 배움의 기회였다. 만남은 서로 영향을 주고받는 것이니, 준현 님도 자신이 살아보지 못한 나의 오랜 경험을 압축하여 얻어 갔을 것이다.

지금 내가 일하는 팀에도 20대부터 50대까지 여러 세대가 함께하고 있다. 주어진 상황이나 문제에 대해 다양한 세대 사람들이 서로 다르게 접근하고 독특한 관점으로 해결책을 내놓는다. 우리 팀은 회사 내 영업 직군의 교육을 담당하는데, 서로의 생각을 나누다 보면 기대를 뛰어넘는 창의적 방법을 찾아내기도 한다. 나처럼 경험이 많은 팀원은 축적된 노하우와 지식을 나누고, 젊은 동료들은 기발한 소통법이나 기술로 우리의 경험에 새로운 가치를 더해준다.

비슷한 연령대, 비슷한 배경을 가진 것처럼 보이는 사람들도 뜯어보면 저마다 독특한 자기만의 개성을 가지고 있다. 우리는 구성원 수만큼의 다양성을 가진 사회와 조직에서 살아가는 것이다. 《시대 예보》라는 책에서 송길영 저자는 오늘날을 '핵개인의 시대'라 규정한다. '위로부터 아래로 억압적인 기제로 유지되던 권위주의 시대를 지나 이제 개인이 상호 네트워크의 힘으로 자립하는 새로운 개인의 시대가 도래했다'는 선언이다.

핵개인의 시대라지만, 이는 혼자서 잘 살아가라는 메시지가 아니다. 여기에는 개인도, 조직도 더 많은 다양성을 끌어안는 것이 생존의 덕목이라는 역설적 지혜가 숨어 있다. 세대를 막론하고 다양한 개인으로부터 많은 것을 배우는 사람과 조직만이 더 나은 해결책을 찾아내고 더 빠르게 성장할 수 있다. 즉 단순히 '다양한' 세대만 등장하는 것이 아니라 이들에게서 두루 배워 '폭넓은 가치관'을 지닌 개인들이 등장할 것이다. 조직은 이들을 지혜롭게 품어야 한다.

서로의 '다름'에서 '갈등 요소'만 주목하는 조직은 성장의 원동력을 활용하지 못한 채 사장될 가능성이 크다. 다름을 불편하게 생각하기보다 서로 다른 배경과 경험을 이해하는 기회로 생각해야 우리의 시야는 더 넓어지고, 더 많은 것을 상상하고 앞으로 나아갈 수 있다.

다른 세대와 함께 일하는 것이 힘든가? 우리를 힘들게 하는 그 다름이 조직의 역량과 경쟁력을 높여주는 시너지의 원천이 될 수 있다는 사실을 기억하자. 라이언 홀리데이[Ryan Holiday]의 책 《돌파력》의 원제는 'The Obstacle Is the Way'다. '다름'이 장애물처럼 느껴진다면, 그 '다름'이 새로운 길을 내어줄 수도 있음을 상기하자. 다양성 때문에 힘들어할 것인가, 아니면 그 다양성을 시너지로 바라보고 활용할 것인가? 이는 전적으로 조직을 이끄는 리더의 관점에 달려 있다.

우리 팀의 다양성은
몇 점일까?

      감자의 원산지는 남아메리카의 안데스 산맥 지역이다. 감자는 고대 잉카 문명의 중요한 식량 자원이었고, 16세기 후반 스페인 사람들에 의해 유럽으로 전파되었다. 특히 아일랜드의 척박한 토양과 기후에도 잘 자라는 특성 덕에 아일랜드의 중요 농작물이 되었다. 수확량이 좋아서였는지, 맛이 있어서였는지는 모르겠지만, 아일랜드 사람들은 감자 중에서도 '럼퍼'라고 하는 종자만을 고집했다. 그러나 1845년, 이 럼퍼 종자가 마름병에 감염되어 전멸하면서 아일랜드 전체가 큰 고통을 겪었다. 당시 850만 명에 달하던 아일랜드 인구의 20% 이상이 사망하고, 굶주림을 견디다 못한 이들은 앞다투어 미국으로 이민을 떠났다고 한다. 다양성 확보의 중요성을 보여주는 사례다.

최근 많은 기업과 공공기관이 다양성과 형평성 그리고 포용을 중시하는 DEI^Diversity, Equity, Inclusion 경영을 표방하는 것도 '아일랜드 감자' 사례와 무관하지 않다. 기업 환경이 급격히 변화하면서 위기가 일상이 되었기 때문이다. 일례로 2017년 7월에 출범한 카카오뱅크는 설립된 지 2년도 되지 않은 2019년 7월 11일 1,000만 번째 계좌를 개설하며 기존 은행들이 수십 년간 해오던 영업 방식과 생존 방식을 송두리째 흔들어놓았다. 이처럼 예측할 수 없는 환경 변화와 그에 따른 위기 앞에서 기업들은 새로운 생존 전략을 찾고 있다. 그 핵심이 바로 '다양성'이다.

그렇다면 다양성은 왜 조직의 생존과 직결될까? 어느 조직이나 주류와 비주류가 있기 마련이고, 일반적으로 주류의 목소리가 크다. 그러나 조직 내에서 권위를 가지고 있다고 해서 그들이 항상 옳은 것은 아니다. 바로 여기에서 문제가 생긴다. 국내기업들은 전통적으로 상의하달식 의사결정을 하고, 불도저식으로 밀어붙이는 전략을 취해왔다. 그런데 오늘날의 경영 환경은 숲인지 늪인지 심지어 낭떠러지인지 한 치 앞도 알기 어렵고, 기존의 전략이 계속 효과를 발휘할 것이라고 그 누구도 장담할 수 없다. 조직은 고객의 니즈와 시장 변화를 예민하게 감지해 순발력 있게 대응해야 한다. 다양한 고객이 시시각각 새로운 니즈를 쏟아내는데 기업은 과거의 성공 경험에만 매달린다면 하루아침에 위태로워질 수 있다.

내부적으로 다양성과 포용의 과제는 외부 환경 변화에 대응할 수 있는 조직을 어떻게 만드느냐의 문제로 귀결된다. 다양한 경험과 지식, 감각들이 유기적으로 작용해 외부 변화를 입체적으로 감지하고 대응하려면 조직에 가지각색의 사람들이 모여 활발히 소통해야 한다. 더 이상 주류의 목소리가 다양한 목소리를 억압하도록 두어서는 안 되며, 작은 목소리도 놓치지 않아야 한다. 크든 작든 조직을 이끄는 리더라면 구성원들이 다양한 목소리를 낼 수 있는 문화를 만들기 위해 노력해야 한다.

내가 한국 마이크로소프트에 입사할 수 있었던 것도 회사의 '다양성 전략' 덕분이었던 것 같다. 마이크로소프트는 윈도우즈와 오피스로 전 세계를 석권했던 독점적 지위가 흔들리면서 한때 위기에 빠졌다가 사티아 나델라[Satya Nadella] 회장의 경영혁신으로 다시 성장궤도에 올랐다. 이 과정에서

'다양성과 포용'이 핵심 전략으로 강조되었고, 그로 인해 한국지사에서 리더십팀을 꾸릴 때 여성 리더를 중요하게 고려했다. 어찌 보면 나 자신이 다양성 전략의 아이콘이라 할 수 있었다. 그래서 나는 좀 더 적극적으로 다양성을 높이고, 소수의 목소리가 억눌리지 않는 환경을 만들고자 노력했다. 물론 말처럼 평탄하지만은 않았다. 당장의 성과와 다양성을 저울질하며 쉽지 않은 선택을 해야 하는 상황을 자주 맞닥뜨렸다.

파트너 담당 부서를 맡아 교육 분야 담당자를 채용할 때의 일이다. 인사부에서 링크드인을 통해 10여 명의 후보자와 접촉했고, 나는 그중 4명을 확정해 인터뷰를 진행하기로 했다. 3명은 IT업계에서 오랫동안 관련 업무를 해온 사람이었다. 나머지 한 명은 이력이 조금 독특했는데, IT업계에서 일하다 몇 년 전 꽃 배달 사업을 시작한 사람이었다. 사업이 여의치 않아 다시 IT업계에서 일을 찾고 있는 듯했다.

인터뷰를 하고 보니 나는 내심 꽃 배달 사업을 했던 후보자에게 가점을 주고 있었다. 그녀가 시도했던 사업은 구독 서비스로, 매월 일정 금액을 내면 고객의 취향에 맞는 꽃을 주기적으로 배달해주는 것이었다. 인터뷰를 하면서 그녀가 생각했던 고객의 니즈와 실제 고객의 니즈가 어떻게 달랐는지, 수익성을 분석하는 데 어떤 오류가 있었는지, 꽃 유통을 둘러싼 생태계가 애초의 예상과 어떻게 달랐는지 등에 대해 이야기를 나누었다. 나는 우리가 하고자 하는 일, 즉 클라우드 서비스의 생태계를 만드는 데 그녀가 적임자라는 확신이 들었다. 불확실한 비즈니스 환경에서 답을 찾아갈 수 있는 사람이라고 판단한 것이다.

최종 의사결정에는 여러 사람의 합의가 필요했다. 내가 추천한 후보자는 3년간의 IT업계 경력 공백으로 성과를 내기까지 시간이 오래 걸릴 수 있다는 반대에 부딪혔다. 결국 투자 계획이 변경되면서 채용 자체가 없던 일이 되어버렸지만, 인터뷰와 내부 논의 과정을 통해 다양성의 가치에 대해 조직적인 공감을 이루어내기가 얼마나 어려운지, 그럼에도 왜 리더가 다양성을 추구해야 하는지 깊이 생각하게 되었다.

다양성에 대한 요구는 언제나 위기 상황에서 나온다. 임진왜란이라는 국가적 위기는 미련스러울 만큼 우직한 탓에 번번이 진급에서 밀려났던 무장 이순신을 역사의 최전선으로 소환했다. 그러다 위기가 지나고 안정기가 찾아오면 새로운 주류가 등장한다. 이들은 더 이상 위기대응 능력이 탁월한 사람을 필요로 하지 않는다. 소위 역도태 현상이 일어나고, 다양성은 우선순위에서 밀려난다.

　그러나 이제 위기는 변수가 아니라 상수常數다. 기업의 경영 환경은 한 치 앞도 예측할 수 없는 격변의 연속이다. 늘 위기라는 경영진의 말이 결코 엄살이 아닌 것이다. 예기치 못한 온갖 문제에 대응하려면 내가 편한 사람들이 아니라 지금까지 우리 조직에 없었던 시각을 가진 사람들로 다양성을 높여야 한다. 그들이 자기 생각과 경험을 마음껏 펼칠 수 있는 판을 만드는 것이야말로 위기가 일상이 된 경영 환경에서 놓치지 말아야 할 생존 조건이다.

나는 잘 헤어지고
있는가?

"조직을 이끌면서 가장 힘들었던 때는 언제인가요?"와 같은 질문을 받을 때가 있다. 그때마다 내 머릿속에는 반사적으로 2009년의 한 장면이 떠오른다. 다국적 회사의 지사장이 된 지 몇 년이 지난 터라 어느 정도 경험도 쌓였고, 참 열심히 일하던 때였다. 직원들도 회사 일을 자기 사업처럼 열심히 했고, 비록 소수의 인원이었지만 한 사람 한 사람이 몇 사람 몫을 거뜬히 해냈다. 덕분에 우리는 글로벌 금융위기로 힘들었던 2008년도 무사히 잘 넘기고 안도의 한숨을 내쉬었다. 그런데 회사는 2009년 2월이 되도록 새 회계연도의 계획을 확정하지 못하고 있었다. 매년 1월 중순이면 내려오던 실적 목표와 비용 계획에 대한 논의가 그때까지도 이루어지지 않았던 것이다.

그러던 어느 날, 올 것이 왔다. 글로벌 경제 환경을 부정적으로 내다본 회사는 인원 감축을 결정했고, 한국법인에도 예외 없이 인원 감축 지시가 떨어졌다. 어려운 상황에도 직원들이 일당백을 한 덕분에 위기를 넘겼다고 생각한 나로서는 당혹스러운 결정이 아닐 수 없었다. 인원 조정 없이 실적 목표를 상향 조정할 방법은 없는지, 정 안 되면 내보낼 인원 수를 줄일 수는 없는지 아시아/태평양^{APAC} 지역 CFO와 여러 차례 이야기를 나누었다. 하지만 끝내 'No'라는 답이 돌아왔다. 몇 날 며칠을 고민하던 나는 결국 본사의 방침에 따라 함께 일하던 직원들을 떠나 보내고 상황을 마무리했다. 지금 생각해도 그 어떤 딜보다, 그 어떤 조직 내 갈등보다 정신적으로 힘들었다.

그 후로도 나는 본의 아니게 혹은 자의 반 타의 반으로 여러 번의 이별을 경험했다. 직접 뽑은 직원의 업무 능력이 기대에 한참 미치지 못해 내보낸 적도 있고, 조직문화와 맞지 않는 직원과 오랜 기간 마찰을 겪다 내보낸 적도 있다. 그리고 2009년처럼 본사의 조직 축소나 비즈니스 방향 전환으로 여러 명을 한꺼번에 내보낸 적도 있다.

이렇게 조직에는 불가피하게 이별해야 하는 다양한 상황이 발생하는데, 그때마다 리더로서 신경 써야 할 부분이 조금씩 달라진다. 예를 들어 내가 경험한 가장 흔한 이별 사유는 일에 대한 기대치가 충족되지 않은 경우였다. 새로 뽑은 경력직 직원이 기대에 미치지 못할 때도 있었고, 오랜 기간 문제없이 일해왔는데 회사의 전략이 바뀐 뒤 적응하지 못한 경우도 있었다. 팀원일 때 일을 잘해서 팀을 맡겼더니 매니저 역할을 제대로 하지 못하는 안타까운 경우도 있었다. 이처럼 기대치에 미치지 못하면 궁극적인 종착지는 대부분 '이별'이 되는 게 현실이다.

그렇다 해도 너무나 갑작스러운 이별 통보는 피해야 한다. 이별을 고려해야 하는 상황에 이르기 전에 직원에게 충분한 피드백을 제공해 직원 스스로 분발하도록 돕는 과정이 반드시 있어야 한다. 어떤 부분에서 기대치에 미치지 못하는지 알려주고 역량을 키우고 개선할 수 있도록 도와 가능하면 이별을 검토하는 상황이 오지 않게 해야 한다.

미국 같은 나라에서는 기업이 해고를 쉽게 하는 것처럼 보이지만, 사실 이들 기업들은 해고를 막기 위해 성과 개선 프로그램PIP, Performance Improvement Program을 시행한다. 일정 기간 성과가 기대치에 미치지 못하면 어떻게 개선해야 할지 당사자와 리더가 함께 논의하고, 리더는 팀원의 개선을 돕기 위해 적극적으로 나선다. 가끔은 이 프로그램 자체가 당사자를 지치게 해 스스로 사표를 내게 만드는 과정이라고 폄훼하는 이들도 있다. 하지만 나는 성과 개선 프로그램을 통해 부족했던 역량을 보완하고 강화하여 다시 자기 자리를 잡고 회사에 기여하는 사람들을 많이 봐왔다. 물론 결과적으로 개선에 실패하는 경우도 있지만 이 프로그램의 목적에 공감해 진심을 다했다면, 정든 회사와 동료들을 두고 떠나는 발걸음이 조금은 가벼울 것이라 생각한다.

회사의 경영 악화나 전략 수정으로 인원을 감축하는 경우는 개인의 역량 부족으로 이별할 때보다 더 힘들다. 이때는 투명성이 특히 중요하다. 직원들에게 현재 회사의 재무적 어려움이나 방향 전환이 필요한 이유를 정직하게 알리고, 어떤 기준으로 인력 감축 결정이 이루어졌는지 설명하고 설득하는 노력이 선행되어야 한다. 또한 퇴직자에 대한 지원 방안도 잘 설명하여 회사가 최선을 다했음을 알려야 한다.

직원을 내보내는 결정과 과정이 잘 이루어져야 하는 이유 중 하나는 그것이 조직에 남는 직원들에게도 큰 영향을 미치기 때문이다. 함께 일하던 동료가 하루아침에 떠나는 모습을 보며 사람들은 경각심을 갖고 더 잘해야겠다고 마음먹기도 하고, 남몰래 떠날 준비를 시작하기도 한다. 두 행동의 차이는 어디서 기인할까? 회사나 리더가 이별 과정에 임하는 모습을 보며 남은 직원들은 힘들지만 열심히 일할 이유를 찾기도 하고, 거꾸로 '오만 정이 떨어져' 떠날 결심을 하기도 하는 것이다.

어떤 이유에서든 직원들을 떠나 보내는 것은 리더가 겪는 그 어떤 일보다 힘들다. 나는 그 힘든 과정을 여러 차례 경험하면서 어떤 경우든 반드시 지켜야 하는 원칙을 터득하게 되었다. 그것은 바로 당사자와의 대화에서 정직해야 하고, 모든 과정에 책임을 다하면서 마지막까지 상대방을 존중하는 자세를 잃지 말아야 한다는 것이다.

나는 경영상의 이유로 조직을 떠났던 사람이 훗날 회사에 필요한 인재로 복귀하는 경우도 여러 차례 보았다. 떠날 때의 경험이 다시는 떠올리고 싶지 않을 만큼 괴로웠다면 이러한 귀환이 가능할까? 함께 일하던 직원을 떠나 보내는 것은 마음 불편하면서도 까다로운 의사결정이다. 그러나 이 과정이 정직과 존중을 기반으로 우호적으로 이루어진다면 힘든 이별도 회사와 직원 모두에게 성장의 기회로 작용할 수 있을 것이다.

혼돈으로부터 나를 지켜줄 루틴이 있는가?

코끼리를 냉장고에 넣는 방법을 아는가?

답은 '냉장고 문을 연다, 코끼리를 넣는다, 냉장고 문을 닫는다'다. 물론 코끼리는 냉장고보다 훨씬 크다는 반론이 있을 수 있다. 그렇다면 답을 다음과 같이 수정하면 된다. '냉장고 문을 연다, 코끼리를 도축하여 부위별로 냉장고에 넣는다, 냉장고가 가득 차면 냉장고 문을 닫는다. 두 번째 냉장고 문을 연다….'

시시한 농담처럼 보이는 이 접근 방법은 사실 세계적인 컨설팅 회사들이 제시하고 시행하는 문제 해결 방법론 중 하나다. 어려운 과제에 직면했을 때 첫 번째 할 일은 코끼리의 크기를 측정하는 것이다. 그다음에는 코끼리를 어떻게 분할할 것인지, 몇 개의 냉장고를 준비할 것인지 계획을 수립한다. 그 이후에는 정해진 루틴에 따라 일을 처리하면 된다. 만약 코끼리를 분할하면 안 된다는 조건이 붙는다면 코끼리가 들어갈 만큼 큰 냉장고를 준비하면 될 것이다. 그 이후에는 정해진 루틴에 따라 '냉장고 문을 연다, 코끼리를 넣는다, 냉장고 문을 닫는다.'

조직이나 팀을 이끌다 보면 이전에 경험하지 못한 일들이 생기기도 한다. 그중에는 너무 낯설고 엄두가 나지 않아 코끼리를 냉장고에 넣으라는 것처럼 황당하게 느껴지는 과제도 적지 않다. 이럴 때 흔들리지 않고 맞서서 대처해 나가기 위해서는 어떻게 해야 할까?

이에 대한 전략과 방법을 논하기 전에 이렇게 낯설고 두려운 일 앞에서는 무엇보다 멘탈 관리가 중요하다는 것을 강조하고 싶다. 이는 훌륭한 리더들이 빠짐없이 갖추고 있는 덕목이기도 하다. 아무리 거대한 코끼리가 나타나도 위축되지 않고, 당황하지 않아야 한다. 난해하고 거대한 문제라 해도, 아무리 황당해 보이는 업무라 해도 상황을 천천히 살펴야 한다. 문제를 맞닥뜨린 순간 흔들리기 시작하면 이성적인 대응이 불가능하기 때문이다.

나는 어렵고 힘든 일을 마주할 때마다 외우는 주문 같은 문장이 있다. '모든 일은 쪼갤 수 있고, 쪼개질 수 있는 일들은 사소하다.' 때로는 주문을 거꾸로 외우기도 한다. '모든 일은 사소하다. 기본 단위로 쪼개질 수 있기 때문이다.' 어느 철학자의 말이 아니라 내가 만든 문장이다.

실제로 모든 일은 실행 가능한 최소 단위로 쪼개질 수 있다고 생각한다. 그리고 실행 단위까지 쪼개진 그 일은 사실 우리가 늘 해오던 사소하고 익숙한 일이다. 쉽게 말해 어떤 일이든 쪼개어놓고 나면 다루기 수월해진다는 것이다. 그러면 우리가 할 일도 단순해진다. 평소 하던 대로 냉장고 문을 열고, 물건을 넣고, 냉장고 문을 닫으면 된다.

미국 LPGA 통산 9회 우승을 비롯해 프로 골프대회에서 총 15회나 우승한 최나연 선수가 은퇴하고 귀국한 뒤 첫 우승을 회고하는 모습은 참으로 인상적이었다. 2004년 16세의 나이에 프로 세계에 입문한 그녀는 국내 대회를 휩쓸고 2008년 미국 LPGA에 진출했다. 그러나 첫해에는 자신과 우승 조에서 겨루었던 대만 출신 야니 쩡 선수에게 번번이 우승 트로피를 넘겨주어야 했다. 그러던 어느 날 최나연 선수는 야니 쩡 선수의 스윙 루틴을 보면서 놀라운 점을 발견했다. 야니 쩡 선수에게는 몇 걸음 걸어가서 셋업을 하고 연습 스윙을 한 뒤 몇 초 후에 본 스윙을 하는 루틴이 있었는데, 스윙 직전에 살짝 미소를 지었다. 야니 쩡 선수에게는 마지막 미소까지가 정해진 루틴이었던 것이다. 스윙에 성공한 후 만족하는 모습을 머릿속으로 미리 그려본 것이 아니었을까? 그 후 최나연 선수는 자신의 루틴을 세세한 부분까지 점검하고 새롭게 구성했다고 한다. 그 덕분이었을까? 그녀는 2009년 드디어 꿈에 그리던 LPGA 우승컵을 들어 올렸고, 통산 9회 LPGA 메이저 대회 우승이라는 위업을 달성했다.

루틴은 '운동선수들이 최고의 운동 수행 능력을 발휘하기 위해 습관적으로 하는 동작이나 절차'를 말한다. 선수들은 무수한 훈련으로 체화된 루틴을 통해 심리적 압박을 이겨내고 능력을 온전히 발휘할 상태를 만든다. 즉 루틴은 선수들이 심신의 안정을 꾀하고 최상의 컨디션으로 실력을 발휘하게 해주는 심리적 장치인 셈이다.

《루틴의 힘Manage Your Day-To-Day》이라는 책에서는 일상적인 업무가 아니라 창작을 하는 사람들에게도 루틴을 권한다. 저자는 '창작의 슬럼프를 겪게 된다면 자신의 능력을 의심하거나 무턱대고 노력만이 살 길이라는 유혹은 떨쳐버려라. 잠시 멈춰서 자신이 겪고 있는 슬럼프가 어떤 종류인지 스스로에게 물어보라'고 조언한다. 이것이 창작자들에게만 해당하는 조언일까? 리더들에게도 고스란히 적용되는 말이다. 리더가 마주하는 크고 작은 일들을 모두 '비상 상황'처럼 여기고 조직에 '119 출동'에 준하는 비상 사태를 선언한다면 함께 일하는 직원들은 얼마나 힘들겠는가? 직원들은 물론, 리더 스스로도 견디기 힘들 것이다. 그래서 리더에게도 힘든 과제를 마주할 때 흔들리지 않게 해주는 루틴이 필요하다. 루틴이 몸에 익으면 과거에는 비상 사태처럼 여겼던 일들도 의연하게 대처할 수 있음을 알게 될 것이다.

요즘은 국내기업에서도 이직이 흔해졌지만, 새로운 조직에 적응하는 것은 언제나 스트레스다. 스타트업과 외국계 회사에서만 근무해온 나는 일찍부터 자천, 타천으로 회사를 옮길 기회가 많았다. 새로운 직장에서 새로운 조직을 맡아 일을 시작하는 것은 항상 승모근을 뻣뻣하게 만드는 스트레스와 두려움으로 다가왔다. 이러한 긴장을 풀기 위해 나도 루틴을 만들었다. 간단히 소개하면 다음과 같다.

새로 부임하면 첫째 달에는 조직의 기존 리듬을 가급적 건드리지 않으면서 적극적으로 경청 모드를 취한다. 정례화된 회의에 들어가 경청하는 것은 물론, 일대일 미팅이나 팀 단위 미팅을 마련해 조직의 현안이나 개선점 등을 청취한다. 내가 맡은 조직은 물론이고, 상사와 동료도 청취 대상이다. 둘째 달에는 첫째 달에 파악한 조직의 상태나 현안을 바탕으로 '퀵윈$^{Quick\ Win}$(가장 빠르게 달성할 수 있는 작은 성취) 과제'를 설정해 구성원들과 적극적으로 소통하며 달성 계획을 세운다. 셋째 달에는 본격적으로 퀵윈 과제에 집중하며 그동안 파악한 현황을 바탕으로 조직의 개선점과 목표 달성 방안을 구체화하고, 90일이 되는 시점에 지난 3개월의 경험과 향후 계획을 상사 및 구성원들과 공유한다.

이 외에도 나에게는 상황에 따라 꺼내 쓰는 루틴이 몇 가지 더 있다. 지금은 영업 일선에서 한발 물러나 있지만, 상당 기간 동안 신제품을 성공시키는 역할을 맡았다. 한 번도 팔아본 적 없는 제품을 판매하라는 미션이 주어질 때 나의 루틴은 다음과 같다.

'제품이 어떤 문제를 해결하기 위한 솔루션이며 어떠한 방식으로 적용되는지 공부하고 이해한다 → 해당 문제로 고심할 것으로 예상되는 잠재고객을 만나 확인한다 → 레퍼런스가 되어 시장에 영향을 줄 수 있는 고객사를 한두 곳 확보한다 → 공략할 시장에 해박하고 비즈니스를 잘하고 있는 곳들과 파트너십을 맺는다.'

처음에는 막막해 보였던 미션도 이 루틴대로 일을 진행

하면 어렵지 않게 실마리를 찾을 수 있었다. 사람들은 내게 중책을 맡거나 신규 비즈니스를 성공시켜야 할 때 중압감이 크지 않냐고 묻는데, 비교적 큰 스트레스 없이 임무를 잘 수행할 수 있었던 건 이런 나의 루틴들 덕분인 것 같다.

리더가 아니더라도 능력과 성과로 평가받는 프로라면 어떠한 상황에 직면하든 흔들림 없이 자신의 역량을 발휘할 수 있어야 한다. 모든 것이 낯설고 급변하는 환경 속에서 흔들리지 않고 성공적으로 미션을 달성해야 할 때는 오랜 시간 갈고닦아 내 몸에 각인된 나만의 루틴이 큰 도움이 된다. 안정된 루틴은 어떠한 풍파 속에서도 올바른 방향을 가리키는 나침반처럼 거친 항해의 든든한 길잡이가 되어줄 것이다.

3

리더의 역할은
조직의 성과를
창출하는 것이다

우리 팀은 성장형인가,
고정형인가?

오랜 기간 영업 전선에서 조직을 이끄는 동안 나의 뇌리에서 떠나지 않는 질문이 있었다. '성과를 꾸준히 내는 조직과 그렇지 못한 조직의 차이는 무엇일까?' 이 질문은 마치 선승의 화두처럼 머릿속을 맴돌았다.

그러던 어느 날 《마인드셋^{Mindset}》이라는 책을 읽게 되었다. 저자 캐롤 드웩^{Carol Dweck}은 내가 고민하던 문제에 대해 수년 동안 학문적 연구를 해왔다. 그는 자신이 몸담은 스탠퍼드 대학교 연구진과 함께 성과에 대한 개인적 차이와 특성을 규명하는 프레임으로서 두 가지 마인드셋, 즉 고정 마인드셋과 성장 마인드셋을 제시했다. 이것이 성과에 대한 차이를 분석하고 개선할 수 있는 핵심적인 태도라는 것이다.

　고정 마인드셋이란 사람의 재능과 능력이 불변하고 고정된 자질이라고 믿는 생각과 태도를 말한다. 사람들은 흔히 성공한 사람들을 보면 '남다른 재능과 능력을 가지고 태어났을 것'이라 지레짐작한다. 심지어 성공한 본인조차 그렇게 생각한다. 이런 사고방식은 어떤 폐해를 낳을까? 스스로 재능이 부족하다고 느끼는 사람은 어려운 일에 아예 도전도 하지 않으려 한다. 심지어 성공한 사람조차 자신의 재능이나 능력이 이 정도밖에 안 된다는 사실이 드러날까 두려워 그 이상 도전하려 하지 않는다. 이것은 실패를 예감하고 미리 핑곗거리부터 찾는 심리와도 연관된다. '우리 아이는 머리는 좋은데 노력을 안 해서'라는 부모들의 판에 박힌 레퍼토리도 고정 마인드셋에서 비롯된 것이다.

　돌이켜보면 고정 마인드셋은 영업 현장에도 흔했다. 일을 하다 보면 매사 부정적으로 생각하고, 영업 기회가 주어져도 안 될 이유만 찾는 직원들이 있다. 그들에게는 모든 것이 문제투성이다. 일정을 준수해가며 일을 추진하는 고객이 없고, 믿을 수 있는 파트너도 찾기 어렵다. 심지어 제품도 문제다. '나의 역량'에는 문제가 없는데 '나를 제외한 조건들' 때문에 일을 제대로 하기 어렵다는 것이다. 그들은 성과가 뛰어난 동료들에 대해서도 자기 멋대로 판단한다. 좋은 시장을 맡고 있어서, 할당된 제품이 좋아서, 하다못해 운이 좋아서 성과가 좋은 것이라고 떠들어댄다.

영업 일선에서 활동하는 직원들의 마인드가 이러한데 일이 제대로 될 리 없다. 하물며 조직을 이끄는 리더가 고정 마인드셋에 빠져 있다면 무슨 일을 할 수 있을까? 이미 잘되고 있는 사업을 할당받기 위해 사내정치를 하거나, 능력이 부족한 사람을 내보내고 뛰어난 사람을 채용하는 것 외에 할 수 있는 일이 과연 있을까? 고정 마인드셋으로 현장을 바라보면 가슴이 콱 막힌 것처럼 답답함만 느껴진다.

다행히 캐롤 드웩은 성장 마인드셋이라는 해법을 제시한다. 성장 마인드셋이란 사람들의 재능과 능력이 고정된 것이 아니라 발전할 수 있다고 믿는 마음가짐과 태도를 말한다. 부단한 노력, 훌륭한 전략, 사람들의 지원과 도움을 통해 성장할 수 있다고 믿는 것이다. 성장 마인드셋을 가진 사람들은 위대한 업적을 이룬 천재적인 인물을 바라볼 때도 재능만 보는 것이 아니라 그의 노력과 열정에 주목한다.

실제로 지속적으로 탁월한 성과를 달성하는 사람들은 자신의 재능에 큰 의미를 부여하지 않는다고 한다. 그들의 관심사는 언제나 '지금 여기'에 있다. 지금 부족한 것은 무엇인지, 배워야 할 것은 무엇인지를 생각한다. 또한 자신의 과제를 해결하는 데 필요한 역량을 키워간다. 그들에게 도전은 성장의 기회다. 도전을 통해 자신의 능력을 키울 수 있다고 믿기에 위험을 무릅쓰고 기꺼이 도전을 즐긴다. 물론 이들이라고 실패하지 않는 것은 아니다. 다만 실패조차 배움의 기회로 활용할 뿐이다. 그동안 쏟아부은 시간과 노력은 매몰비용이 아니라 투자라고 생각하기 때문에 실패에서 회복하는 속도 역시 빠르다.

모든 사람에게는 고정 마인드셋과 성장 마인드셋의 양면성이 존재한다. 그리고 상황에 따라, 시기에 따라 각기 다른 마인드셋이 작동할 수 있다. 바로 그 지점에서 리더의 진가가 드러난다. 조직의 리더가 어떤 마인드셋으로 팀을 이끄느냐에 따라 많은 것이 달라진다. 리더에 따라 팀원들은 성장 마인드셋으로 도전을 즐기며 성과를 낼 수도 있고, 고정 마인드셋으로 성과 대신 핑계를 만드느라 급급할 수도 있다.

어느 날 마이크로소프트의 영업사원들에게 '클라우드 서비스 판매'라는 미션이 주어졌다. 이전까지 팔던 제품은 고객이 알아서 찾는 필수품이자 세계 1등 제품이었다. 그런데 갑자기 1등 제품 대신 클라우드라고 하는, '좋다고들 하는

데 아직 얼마나 좋은지는 잘 모르겠는' 서비스를 팔아야 했다. 게다가 그 서비스는 경쟁자도 많았다. 당연히 실적은 회사의 기대에 미치지 못했다. 회사는 배우려 하지 않는 영업사원들의 태도를 지적했고, 영업사원들은 부족한 자원과 20여 년간 함께해온 파트너사들의 무능을 탓했다. 이렇게 난제가 많은 미션이 주어졌을 때야말로 성장 마인드셋이 필요한데, 조직에는 고정 마인드셋이 빠르게 퍼져가고 있었다. 리더인 내 역할이 중요했다.

나는 어떻게 직원들에게 성장 마인드셋을 심어줄지 고민했다. 그러다 직원들과의 대화 내용을 바꾸기로 결심했다. '왜 클라우드 판매 실적이 부진하냐?'와 같이 결과를 추궁하는 질문 대신 ○○고객은 왜 클라우드를 쓰고 싶어 하지 않는지, 고객이 의사결정을 늦추고 있는 이유는 무엇인지, 고객의 마음을 바꾸기 위해 우리가 취할 수 있는 액션은 무엇인지, 의사결정에 장애물이 생겼다면 그걸 제거하기 위해 무엇을 할 수 있는지 등을 묻고 직원들의 생각을 들었다.

처음에는 이 모든 과정이 시간 낭비처럼 느껴졌다. 그런데 신기하게도 '클라우드 판매는 문제투성이'라고 막연하게 반응하던 직원들이 구체적으로 무엇이 문제인지를 짚어내고 한 걸음 나아가 '그래서 무엇을 해볼 수 있을지'를 이야기하기 시작했다. 물론 하루아침에 실적이 좋아지지는 않았다. 그러나 어느새 '이렇게 어려운 과제는 우리가 풀 수 없을 것 같다'는 패배감은 사라지고 '문제를 풀어가며 한 걸음씩 앞으로 나아갈 수 있을 것 같다'는 자신감을 갖기 시작했다. 우리 힘으로는 풀기 어려워 보이는 막연한 문제에 집중해 '안 될 거야'라고 생각하기보다는 구체적인 문제를 도출해 해결 방안을 찾아보기 시작한 것이다.

영업 현장에서 수주와 실주는 우연과 행운도 한몫하지만, 그 결과를 통해서 무언가를 배우고 역량을 높여가는 것은 수주를 위해 발로 뛴 사람들뿐이다. 그래서 한두 번의 성공은 이른바 '운빨'일 수 있지만, 뛰어난 성과를 지속적으로 달성하는 것은 부단한 노력과 도전 그리고 이를 통한 배움과 성장이 있어야만 가능하다. 성장 마인드셋으로 일을 대하는 이들은 어려운 환경 속에서도 긍정적인 변화를 이끌어낸다. 특히 리더가 성장 마인드셋을 갖고 이를 팀원들에게 전파하는 것이 중요하다. 리더의 태도와 접근 방식은 팀 전체의 문화와 성과에 큰 영향을 미치기 때문이다.

당신은 성장 마인드셋을 가지고 있는가? 자기 스스로를 냉철하게 돌아보기 바란다.

그 결정은 되돌릴 수 있는 것인가?

'팀장'이라는 이름 뒤에는 한 가지 아이러니가 숨어 있다. 대부분의 신임 팀장은 유능해서 팀장으로 발탁된 것인데, 정작 팀장을 맡으면 한동안 커리어 기간 중 가장 무능하게 느껴지는 시기를 보내게 된다는 사실이다. 처음 팀장이되면 그 자리가 주는 무게를 체감하면서 전보다 더 열심히일하려고 한다. 분명 좋은 의도이지만, 안타깝게도 이 때문에많은 문제가 생긴다. 기존 방식대로 더 열심히만 하는 것으로는 팀장의 역할을 잘해낼 수 없기 때문이다.

팀장의 역할은 그동안 그를 지탱해왔던, 부여된 미션을 훌륭하게 수행하는 업무 추진 능력만으로는 제대로 수행할 수 없다. 팀장은 자신의 앞에 닥친 크고 작은 일들을 검토한 뒤 최적의 의사결정을 해 조직이 목표를 향해 나아갈 수 있도록 하는 자리이며, 따라서 의사결정 능력이 핵심적으로 요구된다. 그러나 체계적인 리더십 교육을 받지 못한 채 팀장이 된 이들에게 '의사결정'이 쉬울 리 없다. 게다가 중요사항을 결정한다는 것은 달콤해 보이는 권력 행위이지만, 사실 의사결정을 내리는 순간 다른 가능성은 사라지고 모든 책임은 의사결정자의 몫이 된다. 의사결정의 어려움은 비단 새로운 책임을 맡은 신임 팀장뿐 아니라 모든 리더가 안고 가야 하는 숙명이라 할 수 있다.

시트릭스에서 권한대행으로 1년 가까이 일하다 정식 지사장으로 승진한 나에게 가장 중요하면서도 일상적인 사안은 제품 할인율을 정하는 것이었다. 제품 개발은 미국 본사에서 이루어지고, 각국 지사는 관할 시장에서 제품을 판매하는 일을 담당했다. 고객과 거래를 성사시켜 매출 목표를 달성하는 최종 관문은 가격 협상이었는데, 결국 얼마나 할인해주느냐에 따라 거래 성사 여부는 물론이고 수익성이 결정된다 해도 과언이 아니었다. 물론 높은 가격을 받으면 더할 나위 없겠지만 경쟁하는 타사 제품들이 있는 만큼 고객의 추가 할인 요구도 빈번했고, 이러저러한 상황을 고려해 최적의 할인율을 결정하기란 결코 쉬운 일이 아니었다.

지사장으로서 내가 가진 디스카운트 권한은 최대 30%였다. 나는 최적의 할인율을 정하기 위해 더 많은 정보를 모으고, 영업사원과 함께 사안별로 꼼꼼하게 상황을 짚어가며 협상 전략을 조율해 나갔다. 이때 나와 영업사원 간에 보이지 않는 줄다리기가 벌어졌다. 영업사원은 할인율을 최대한 높게 받기 위해 사유를 구구절절 적은 승인 요청 메일을 보내 나를 설득하려 애를 썼다. 그러면 나는 최적의 의사결정을 위해 승인 요청 메일을 꼼꼼히 읽고 영업사원과 일대일 면담을 거쳐 신중하게 할인율을 결정했다.

그러나 지금 돌아보면 당시 나는 신임 지사장으로서 의욕만 넘치고 의사결정에 대한 이해는 부족해 미숙한 모습을 많이 보였던 것 같다.

한국 시장의 책임자로서 세일즈뿐 아니라 마케팅, 기술 지원까지 챙기느라 시간을 쪼개 동분서주하던 와중에 모든 거래의 할인율까지 일일이 점검하고 결정하자니 너무나 벅 찼고, 그런 나 때문에 직원들도 필요 이상으로 힘든 시간을 보내야 했다. 가격을 할인하는 만큼 판매 금액이 줄어들므로 한국 매출을 책임진 나로서는 가장 중요한 의사결정 사항이라 판단하고 민감하게 대응했는데, 그 바람에 디스카운트 승인을 요청하는 직원들은 나를 설득하느라 너무나 힘들었을 것이다.

회계연도를 마감하고 비즈니스 리뷰를 하는 자리에서 직원들의 불만이 터져나왔다. 직원들은 "디스카운트를 하면 영업사원 본인의 실적도 줄어드는데 무조건 할인해주고 싶은 사람이 어디 있겠습니까!", "할인한 금액을 내 주머니에 챙기는 것도 아니고 거래 성사를 위해 어쩔 수 없이 하는 요청인데 승인받기도 너무 힘들고 마음도 상합니다"라며 목소리를 높였다.

미팅이 끝난 후 나는 오퍼레이션 담당 직원과 함께 한 해 동안의 디스카운트 내역을 정리해보았다. 대부분의 영업사원은 30% 할인을 요청했고, 나와의 조율을 거쳐 최종적으로 15~20% 사이에서 결정되는 경우가 많았다. 30%까지 가거나 그 이상을 넘어 본사의 승인을 얻는 경우는 극히 드물었다. 이런저런 시뮬레이션을 해보니 15% 정도의 디스카운트는 담당자 선에서 결정해도 큰 문제가 없을 것 같았다. 나는 새해부터 영업사원들에게 디스카운트 권한을 15%까지 주고, 15%를 초과할 경우에만 내 승인을 받도록 정책을 조정했다. 할인율에 대한 위임전결규정이 비로소 마련된 것이다.

이 시스템은 기대 이상으로 효율적으로 작동되었다. 직원들은 디스카운트가 필요한 경우에도 본인의 재량권 안에서 해결하려 노력했고, 덕분에 15%를 초과해 나의 승인이 필요한 딜은 오히려 예전보다 줄어들었다. 예전 같으면 20% 할인이 필요하다고 했을 딜을 15% 안에서 정리한 것이다.

팀의 성과를 책임지는 자리를 맡게 되면 개인으로서 성과를 내던 것과는 전혀 다른 상황에 놓이게 된다. 본인의 업무 안에서 우선순위를 정하고 시간 관리를 함으로써 효율을 내던 것과 달리, 이제는 팀의 방향성과 우선순위를 정하고 팀원들에게 업무를 잘 분배해주어 일이 원활하게 진행되도록 조율하는 것이 중요해진다. 그 과정에서 팀원들이 자기 일에 대해 책임감을 갖고 결정할 수 있도록 유도하고, 중요한 결정은 리더가 책임지고 적시에 해주어야 한다. 과거의 나처럼 리더가 모든 결정을 내리려고 하면 조직의 생산성과 구성원들의 책임감을 떨어뜨리고, 자칫 중요한 의사결정을 적시에 하지 못하는 일이 발생할 수도 있다.

그래서 기업들은 최적화된 의사결정이 이루어지면서도 의사결정에 들이는 리더들의 시간과 노력을 아끼기 위해 다양한 시스템과 업무 원칙을 강구한다. 나에게 주어진 30%

디스카운드 재량도 한국과 본사 간의 불필요한 커뮤니케이션을 줄이고 빠르게 의사결정을 하기 위한 시스템이었던 셈이다.

이와 관련해 '일방향 문 결정^{One-way door decision}'과 '양방향 문 결정^{Two-way door decision}'이라는 아마존의 의사결정 메커니즘이 자주 인용된다. 일방향 문 결정 사안은 한번 의사결정을 하면 쉽게 되돌릴 수 없거나 어려운 것들을 의미하며, 신제품 출시, 가격 결정, 복지 정책 등이 이에 해당한다. 문을 통과하면 돌아갈 수 없다는 뜻이다. 양방향 문 결정 사안은 의사결정이 내려지더라도 되돌리거나 수정할 수 있는 것들을 의미하며, 웹사이트의 메뉴 변경 등이 이에 해당한다. 즉 불가역적 의사결정에 해당하는 사안은 '일방향 문 결정'으로 분류하여 미리 정해진 의사결정 구조를 통해 정하도록 하고, 그 외 사안은 '양방향 문 결정'으로 분류해 구성원들도 직급과 권한에 맞게 의사결정에 참여할 수 있도록 하는 방식이다. 내가 영업사원들에게 주었던 15% 디스카운트 권한은 '양방향 문 결정'에 해당한다.

두 가지 의사결정 방식은 프로세스도 다르다. 일방향 문 결정은 영향력이 크고 되돌리기 어려우므로 사전에 신중한 검토와 분석이 필요한 반면, 양방향 문 결정은 리스크가 적기 때문에 빠른 의사결정이 가능하다. 조직은 사안별로 의사결정 프로세스를 다르게 적용하면서 빠르게 시장 변화에 대응하며 새로운 아이디어를 실험하고 개선해갈 수 있다. 때로는 일방향 문 결정 사안에 대해 여러 대안을 검토한 후 양방향 문 결정 사안으로 쪼개어 접근하기도 한다. 아마존은 이두 가지 의사결정 방식을 현명하게 활용해 중요한 결정은 신중하게 내리고, 실험적인 결정은 유연하게 시도하고 수정함으로써 성과 달성과 혁신이라는 두 가지 가치를 모두 실현하고 있다.

이런 시스템을 우리 조직에도 적용해보면 어떨까? 작은 팀의 팀장이든 회사 전체를 책임지는 CEO든 거대 글로벌기업의 수장이든, 의사결정을 담당하는 위치에 있다는 점에서는 다를 바 없다. 모든 사안을 검토하고 최고의 의사결정을 하기 위해 고뇌하기 이전에 자주 하는 의사결정이 무엇인지, 조직의 효율성을 위해 위임할 사안은 없는지 등을 확인하고 기준을 세워나가자. 이런 노력을 해나가면 중요하고 긴급한 사안에 집중적으로 자원을 투입할 수 있고, 동시에 구성원들의 자율성과 책임감도 높여 한층 효율적인 조직으로 발전할 수 있다.

일만 잘하는가,
방향도 잘 잡는가?

벡터는 힘과 방향을 모두 가진 수학적 개념이다. 물리학에서는 힘, 속도, 가속도 등에 벡터라는 개념을 사용하는데, 이들 물리량은 힘뿐 아니라 방향이 동시에 정의되어야 하기 때문이다. 경영 목표에도 벡터의 개념을 적용해볼 수 있을 것 같다. 경영 목표에도 물리학의 힘이나 속도처럼 어디로 가는지, 얼마나 빨리 가야 하는지에 대한 양적인 크기가 포함되어 있기 때문이다.

회사에 있는 개인과 하위 조직을 각자 방향과 힘을 가진 벡터들로 치환하면, 회사의 전체 벡터는 개별 벡터의 합이 된다. 그런데 벡터의 합에서 재미있는 것이 바로 방향성이다. 두 벡터의 힘이 같아도 방향이 정반대면 두 벡터의 합은 0이 된다. 만약 힘의 크기가 같은 두 벡터가 서로 직각의 방향성을 띤다면 전체 방향은 45도가 되고, 전체 힘의 크기는 두 벡터가 만드는 사각형의 대각선 길이만큼이 된다. 즉 모든 벡터가 같은 방향으로 정렬된다면 전체 벡터는 개별 벡터를 다 합한 만큼의 힘을 갖겠지만, 그렇지 않으면 전체 벡터의 힘은 개별 벡터를 합친 것보다 작으며, 만약 일부 벡터의 방향이 정반대라면 오히려 그 힘만큼 전체 힘이 줄어든다는 것이다.

경영 목표는 조직이나 팀이 추구해야 할 방향을 제시한다. 예를 들어 회사의 목표가 수익성 증대라면, 이는 모든 의사결정과 행동이 수익성을 증대하는 쪽으로 이루어져야 함을 의미한다. 그리고 벡터의 또 다른 속성인 힘은 경영 목표에서 목표를 달성하기 위한 노력의 정도나 강도에 해당한다. 이렇게 경영 목표를 벡터의 관점으로 보면, 조직이나 팀이 어떤 방향으로 나아가야 하는지, 그 방향으로 얼마나 강하게 노력해야 하는지 명확하게 표현할 수 있다.

방향성을 정하는 것과 리소스를 투여해 노력하는 것 둘다 중요하지만, 우선순위를 꼽으라면 나는 방향성이 더 중요하다고 말하고 싶다. 방향을 제대로 잡지 못하면 투입된 리소스는 무용지물이 되기 십상이다. 그렇기 때문에 많은 기업이 방향성을 잡는 데 큰 노력을 기울이고, 대부분의 성공 기업에는 뚜렷한 방향성이 있다. 장기적인 방향성을 미션이나 비전으로 천명하기도 하고, 단기적으로는 3년 또는 1년의 방향성을 정하기도 한다. 이렇게 정해진 방향성은 회사의 등대와 같아 경영상의 의사결정이나 하부 조직이 목표를 정할 때 지침이자 기준이 된다.

기업에서 이는 어떤 모습으로 나타날 수 있을까? 2014년 사티아 나델라 회장이 CEO로 취임한 후 마이크로소프트는 '전 세계의 모든 개인과 조직이 더 많은 것을 성취하도록 한다To empower every person and every organization on the planet to achieve more'라는 미션을 천명하고, 실행 전략의 하나로 기존의 소프트웨어 비즈니스를 모두 구독 기반의 서비스로 전환하기로 결정했다. 패키지 제품의 경우 고객이 한번 구매하고 나면 회사와 고객과의 관계는 새로운 버전의 패키지가 나올 때까지 단절된다. 이렇게 버전업 주기에 따라 고객과의 관계가 맺어졌다 끊어지기를 반복하면 고객과의 거리는 멀어질 수밖에 없다. 이에 마이크로소프트는 계약을 구독 방식으로 변경해 끊임없이 고객의 의견을 듣고 새로운 서비스를 만들어가겠다는 계획을 세웠다. 새로운 전략 방향이 설정된 것이다.

이에 따라 내가 맡고 있던 사업부도 기존의 판매 방식을 바꾸어야 했다. 몇 년에 한 번씩 연락하는 고객관계관리 관행으로는 지속적인 상호작용을 전제로 한 구독 서비스를 판매하기가 어려웠다. 게다가 몇백 달러에 팔던 제품 패키지를 월 1만 원에 판매하려니 실적을 채우기도 쉽지 않았다. 기존 영업사원들의 비즈니스 관행을 바꾸고 구독 방식으로 빠르게 전환하기 위해 회사에서는 인사평가와 인센티브 구조를 변경하는 등 다양한 방법을 동원했다.

쉽지 않은 과정이었지만 몇 년 만에 대부분의 계약은 구독 방식으로 변경되었다. 마이크로소프트에서 한국지사, 그중에서도 내가 맡은 조직은 한 사업 부문에 불과했지만 회사 전체의 방향성에 우리 조직을 잘 정렬하고자 노력한 덕에 좋은 결과로 이어졌다고 생각한다. 우리가 만일 회사가 가고자 하는 구독 비즈니스로의 전환보다 당장의 매출을 높이는 패키지 판매에 주력했다면 매출 실적은 좋았을지 몰라도 점점 높아지는 고객의 기대치를 맞추지 못하고 상당 기간 고전했을 것이다.

이때의 경험을 통해 나는 조직의 방향성이 조직 전체에 잘 공유되는지 여부가 방향성을 설정하는 것 못지않게 중요하다는 사실을 알게 되었다. CEO가 제시하는 방향성이 하부 조직과 개별 구성원에게까지 정확하게 전파되어 가지런히 정렬될 때 최대 성과를 낼 수 있음을 체감한 것이다. 방향이 제대로 잡히고 그것이 실행으로 이어지면서 사티아 나델라 회장 취임 당시 40달러 정도였던 마이크로소프트의 주가는 10년도 되지 않아 10배 이상 올랐다. 재계약 시점에나 얼굴을 볼 수 있었던 마이크로소프트의 영업사원들도 고객들이 새로운 기능을 잘 활용할 수 있도록 충실히 지원하기 위해 지속적으로 고객 접점을 확대해갔다.

경영에서 방향성은 성과 창출과 성공에 필수적인 요소다. 방향성이 정확히 설정되어야 하부 조직과 구성원들이 목표를 달성해갈 수 있으며, 필요할 경우 조정과 수정을 통해 더 나은 성과를 낼 수 있다.

회사의 방향성은 최고 경영진이 생각할 일이고, 중간 리더인 나와는 별 상관없다는 생각이 드는가? 착각이다. 중간 리더들이 회사의 방향성을 정확하게 이해하고 팀의 리소스를 올바른 방향으로 움직이는 것이야말로 회사가 방향을 정하고 원하는 결과를 얻어내는 데 결정적인 역할을 한다는 사실을 명심하자. 어수선하게 흩어진 조직의 방향성을 하나로 정렬할 수 있는 사람은 CEO가 아닌 중간 리더들이다. 이를 더 잘하기 위해서는 조직의 방향성을 이해하려는 노력과 이를 조직에 동기화하는 노력, 이 두 가지를 꾸준히 해야 한다.

팀원들은 일의 맥락을
얼마나 이해하고 있는가?

'자리가 사람을 만든다'는 말이 있다. 나는 사회생활 초기에 이 말을 실감했다. 스타트업에서 커리어를 시작한 나는 20대 중반의 나이에 경영지원팀장을 맡았는데, 덕분에 일찌감치 경영진과 같은 눈높이로 일을 바라볼 수 있었다.

소수정예로 움직이는 IT 스타트업이 으레 그렇듯 내가 다닌 회사도 엔지니어들을 제외한 몇 명이 경리, 총무, 기획, 홍보 등 개발을 제외한 온갖 회사 업무를 수행했다. 그러던 어느 날, 회사의 모든 일을 진두지휘하던 사장님이 본인은 기술과 영업에 집중하겠다며 조직개편안을 발표했으니, 그것은 다름 아닌 경영지원팀 창설이었다. 그때만 해도 별 감흥 없이 '새로운 팀이 만들어지는구나' 하며 발표를 듣다가, 이 회사에서 보낸 3년이 경력의 전부인 나를 경영지원팀장에 선임한다는 말에 아연실색할 수밖에 없었다. 그나마 남들보다 입사가 조금 빨랐던 것이 선임 배경이었다.

얼떨결에 팀장을 맡았지만, 문과 출신 또래 구성원들이 경영지원팀에 속속 배속되는 것을 보며 내 책임감은 무거워질 수밖에 없었다. 경영지원팀 직원들은 평일 야근을 밥 먹듯 하며 바쁜 시간을 보내야 했다. 비록 초보였지만 경영지원팀장의 시각으로 회사를 바라보니 우리 팀이 해야 할 일들이 너무나 명확하게 보였고, 사장님 눈빛만 봐도 무엇이 필요한지 직감적으로 파악되었다.

비슷한 나이와 경력을 가진 5명의 동료를 이끌게 된 나는 팀을 효율적으로 운영하는 방법을 궁리하다 팀원들의 역할과 책임R&R을 나눈 다음, 그들에게 개별적으로 업무를 부여하고 진행 현황을 점검하는 시스템을 구축했다. 좀 거창하게 말하면 허브앤스포크Hub & Spoke, 즉 바큇살 방식으로 조직을 운영한 것이다. 팀장인 내가 중앙에 있고, 각기 다른 일을 하는 팀원들은 매주 나와 일대일 미팅을 하며 업무를 공유했다. 결론적으로 나는 5번의 미팅을 통해 전체 업무를 취합한 후 그 내용을 바탕으로 경영진과 조율하는 방식으로 일을 진행했다.

우리 팀은 이러한 방식으로 1년간 그럭저럭 굴러갔다. 그러나 무엇인가 미흡하다는 느낌을 지울 수가 없었다. 팀원들은 그저 주어진 일만 처리하고 그 외에는 관심을 가지지 않는 것처럼 보였다. 팀원들 사이의 업무 공백도 조금씩 나타났는데, 그 부분을 커버하는 것은 모두 나의 몫으로 돌아왔다.

그사이 회사는 더 성장했고, 그에 따라 경영지원팀이 다루는 일의 가짓수도, 인원도 늘어났다. 홍보 업무는 인원을 충원해 별도의 팀으로 분리되었고, 비상장 주식이 장외에서 거래되기 시작하면서 투자자를 관리하는 업무도 생겼다. 회사가 성장하면서 조직이 커지고, 인원보다 업무 가짓수가 더 빠르게 늘어나다 보니 이곳저곳에서 각종 문제가 터져나오기 시작했다. 주체가 불분명한 일이 생기고, 놓치는 것들이 늘어났다. 팀원들이 좀 더 넓게 업무를 바라보고 애매한 일은 알아서 처리해주기를 기대했지만 실상은 팀장인 내 일만 늘어나고 있었다.

당시 경리 담당자는 회사의 현금흐름이 좋지 않아 물품 대금 독촉 전화를 많이 받았다. 그런데 하루는 IR(투자자 관리) 담당자를 만나러 온 투자자가 경리 담당자의 전화 통화를 우연히 듣고는 회사의 현금흐름을 과하게 우려하는 바람에 문제가 발생했다. 아직 회사 규모가 크지 않아 IR 담당자가 경리 담당자의 업무에 조금만 관심 갖고 상황을 이해하고 있었다면 간단하게 설명하고 넘어갈 수 있는 일이었는데, 해명을 하지 못해 다른 투자자들에게까지 소문이 퍼져 일이 커져버린 것이다.

돌아보면 우리 팀원들은 편의상 '경영지원팀'이라는 이름으로 묶여 있었지만 각자 전혀 다른 종류의 일을 하고 있었고, 자신의 업무가 회사 전체와 어떠한 맥락에서 연결되는지 파악하는 데는 관심이 없었던 것 같다. 그러다 뒤늦게 팀의 업무는 어떤 식으로든 연결되어 있고, 서로의 업무가 어떤 맥락에서 이어지는지 이해하는 것이 자기 업무에도 중요하다는 사실을 알게 되었다. 구성원 개개인이 바라보는 업무 영역 이면에 존재하는 맥락을 공유하는 것은 무척이나 중요하다는 사실을 깨달은 순간이었다.

그 후 글로벌기업이 일하는 방식을 경험하면서 열정과 책임감만으로 일했던 나의 초년 팀장 시절을 떠올려보았다. 아마존에서 창업 초기부터 정착시켰다는 '6페이지 문서 작성법6page narratives' 같은 방식을 도입했다면 그때 우리 회사는 더 훌륭하게 성장하지 않았을까 하는 아쉬움도 있다.

잘 알려진 대로 아마존은 프로젝트나 비즈니스 계획을 세울 때 파워포인트를 사용하지 않는다. 대신 6쪽짜리 서술형 문서를 사용한다. '6페이지 문서 작성법'은 파워포인트 양식의 화려한 외양을 벗겨내고 일의 본질을 정리하고 이해하는 데 큰 도움을 준다. 아울러 그에 못지않게 중요한 효용이 있다. 서술형 문서를 작성하거나 검토하는 과정에서 구성원들이 프로젝트나 비즈니스 환경을 더 깊이 이해하고 맥락을 공유할 수 있게 된다는 점이다. 나아가 실행 과정에도 효율적으로 협업할 수 있게 되어 목표 달성 가능성이 자연스럽게 높아진다.

아마존의 '6페이지 문서'는 다음과 같이 작성되고 활용된다.

1. 담당자는 프로젝트나 제안, 아이디어를 설명하는 6페이지짜리 문서를 작성한다. 이 문서에는 프로젝트의 목표, 배경 정보, 솔루션 또는 제안, 리스크 및 대응책 등이 포함된다. 페이지마다 명확한 내용이 간결하게 담기도록 하되 서술형으로 작성하여 문서를 읽는 사람이 맥락을 충분히 이해할 수 있도록 한다.

2. 문서 작성이 마무리되면 해당 프로젝트 혹은 제안과 관련된 사람들과 공유한다. 이들은 각자 문서를 읽고 이해하는 시간을 갖는다.

3. 이후 리뷰 미팅을 통해 문서의 내용, 아이디어의 유효성, 리스크나 대응책 등을 토론하고 의사결정을 한다. 회의 참석자들은 6페이지 문서를 사전에 검토하고 토론에 참여하므로 의사결정 시간이 단축된다. 단, 사전에 문서를 공유했더라도 미팅이 시작되면 15~20분 정도 시간을 주고 문서를 다시 읽게 한다.

4. 의사결정에 따라 계획을 실행하고 프로젝트를 진행한다. 각 팀원은 회의에서 조율된 방향에 따라 일하고, 각자 명확하게 정의된 역할과 책임을 갖는다. 몇 줄의 요약이 아니라 맥락이 충분히 설명된 문서에 담긴 동일한 정보를 바탕으로 일하므로 오해의 여지없이 효율적으로 협업할 수 있고 목표한 결과물을 낼 수 있다.

20대에 팀장 경험을 한 후 나는 아마존의 '6페이지 문서 작성법'까지는 아니더라도 어떤 일을 추진할 때 참여자들이 업무 맥락을 이해하도록 돕는 데 많은 에너지를 쏟는다.

특히 사업 계획을 세우는 위치가 되면서부터는 구성원들을 계획 수립 과정에 참여시키고, 직접 참여하지 못하는 경우에는 반드시 완성된 계획을 공유하여 구성원들이 조직의 목표와 방향성을 이해하고 자기 업무를 계획하게 한다.

구성원들이 조직의 목표와 방향성을 깊이 이해하게 되면 개인의 업무를 계획할 때 리소스를 할당하거나 일정을 조율할 때도 우선순위가 명확해져 갈등의 여지가 훨씬 줄어든다. 그러니 개인과 조직의 목표를 일치시키기 어렵거나 목표를 달성하는 과정이 자꾸 삐걱댄다면 조직의 목표와 달성 방법을 계획하는 과정부터 구성원들의 참여를 충분히 이끌어냈는지, 그들이 목소리를 낼 기회를 제공했는지 생각해보고 그것을 가능하게 할 시스템을 만들어보기 바란다.

군이 아마존의 '6페이지 문서 작성법'이 아니더라도 간단한 문서와 미팅 혹은 업무 플랫폼을 활용한다면 구성원들이 업무에 착수하기 전에 어느 정도 맥락을 이해하는 데 큰 도움이 된다. 궁극적으로 이는 직원들의 참여를 이끌어내 목표 달성 가능성을 더욱 높여줄 것이다.

리소스 부족을 극복할
대안이 있는가?

기업들은 비즈니스를 하면서 다양한 어려움을 겪는다. 그중에서도 특히 '리소스 부족'은 어느 기업도 피하기 어려운 고질적인 문제다. 부족한 자원으로 원하는 성과를 내야 하는 것은 모든 비즈니스 주체의 숙명이다. 그래서 어느 조직이든 가장 중요한 목표를 정하고, 이를 달성하기 위해 리소스를 우선적으로 할당하는 것을 기본으로 한다. 그러나 이렇게 해도 리소스 부족에서 자유로워질 수 없다. 그렇다면 어떤 식으로 리소스를 확보할 수 있을까?

수많은 상황에 모두 들어맞는 정답은 없겠지만, 우선 리소스를 확보하는 프로세스를 개선해볼 수 있다. 아울러 부족한 리소스를 보완하는 아이디어와 방법을 찾아볼 수도 있다. 나는 주로 후자의 방식을 활용하곤 했다.

처음 다국적 IT기업의 지사장이 되고 얼마 지나지 않았을 때 새 회계연도의 운영 계획이 담긴 엑셀 파일을 받았다. 여러 장의 복잡한 시트로 구성된 파일에서 찾아낸 매출 목표는 '전년 대비 30% 성장'이었다. 기가 막힌 건 과도한 매출 목표를 요구하면서 추가 헤드카운트에 대한 투자는 '0'이라는 것이었다. 성장을 위해서는 추가 인력이 필요하다고 그토록 어필했건만, 회사의 입장은 한국 시장의 이익률이 낮으니 목표는 공격적으로 잡고 인력 리소스는 줄 수 없다는 것이었다. 작년에도 전 직원이 밤낮없이 뛰어다닌 끝에 겨우 매출 목표를 달성했는데 같은 인원으로 30%를 더 해내라니. 나는 잠시 절망감에 빠졌지만 곧 정신을 차리고 방법을 찾기 시작했다.

정부나 기업 같은 조직을 대상으로 B2B 비즈니스를 하는 대부분의 다국적 IT기업은 간접 판매 방식을 취한다. 직접 영업사원을 고용해 비즈니스를 하기보다 고객들과 오래 거래해온 국내 회사와 파트너 계약을 맺고 그들을 통해 판매하는 것이 효율적이기 때문이다. 우리 회사도 그랬다. 일부 큰 고객사만 우리 영업사원들이 직접 담당하고, 나머지 대부분의 고객사는 파트너사들을 통해 비즈니스를 했다.

그런데 이 과정에서 늘 부딪히는 어려움이 있었다. 바로 파트너사 영업사원들의 역량 문제였다. 우리 조직의 매출을 크게 좌우하는 이해관계자가 바로 이들인데, 이들의 역량이 제각각이었다. 기술자들의 역량 강화를 위해서는 다양한 교육 프로그램이 준비된 반면, 영업사원들의 역량은 개별적인 경험에만 의존하다 보니 생산성을 높이기가 쉽지 않았다. 무엇보다 그들은 우리 회사 직원이 아니었기에 내가 직접 동기부여를 할 방안이 애매했다.

당시만 해도 B2B 비즈니스에서는 고객이 업체를 선정할 때 영업사원과의 관계가 가장 중요하다고 생각해 파트너사 사장님들은 '인간관계가 좋을 것 같은 사람'들을 영업사원으로 채용하곤 했다. 그리고 채용 후에는 전문적인 교육을 하기보다는 개인기에 의존한 영업 활동을 하도록 방임하는 경우가 많았다.

하지만 그때도 이미 인맥에 의존한 영업은 한계가 있었다. 고객들의 니즈를 파악해 그에 맞는 해결책을 제안하고, 때로는 몰랐던 니즈를 일깨우려면 '좋은 관계 맺기' 이상의 전문적인 B2B 영업 역량이 필요했다.

대체 30%를 어떻게 더 할 수 있을지 고민하던 와중에 내 머릿속에 파트너사 영업사원들이 떠올랐다. 당시 우리 회사의 IT 솔루션을 판매하던 파트너사는 10곳쯤 있었고, 영업사원도 20~30명쯤 되었다. '이들 중 10명만 내 일처럼 뛰어준다면 추가 인력 없이도 30% 성장 목표를 달성할 수 있겠다'는 생각이 들었다.

나는 당장 성장에 열의가 있는 파트너사 영업사원들을 모아 스터디팀을 구성하고, 내 경험과 그동안 정리해둔 자료를 총동원해 10주짜리 영업 코칭 세션을 시작했다. B2B 영업에 대한 기본적인 지식을 교육한 후 각자 자신이 진행하는 영업 활동을 분석하게 해 놓치고 있는 기회, 거래 가능성을 높이기 위해 해야 할 일들을 찾았다. 세션이 끝나면 현장으로 돌아가 다음 세션 전까지 자신의 아이디어를 실행하면서 매주 성공률을 높여갔다.

그 결과 진행하던 거래 중 성공 사례가 하나둘 생기기 시작하더니, 파트너사 영업사원들은 어느덧 스스로 영업 기회를 성공으로 이끌어가는 프레임워크를 가지게 되었다. 각자 가지고 있던 경험에 기본기를 더하자 플라이휠^{Flywheel}(여러 요소가 선순환을 그리며 성장을 이루어내는 원리) 효과가 나면서 점점 더 많은 딜을 성공할 수 있었고, 덕분에 그해 우리는 30%

를 훌쩍 상회하는 성장을 이루어냈다. 비록 우리 조직의 직원은 아니었지만 핵심 파트너들의 역량을 향상시킨 효과를 톡톡히 본 것이다.

"우리 조직은 리소스가 충분하다"고 자신 있게 말하는 조직은 이전에도 없었고, 앞으로도 없을 것이다. 그러다 보니 우리는 늘 자신이 가진 리소스를 최적화하기 위해 우선순위를 설정하고, 불필요한 비용과 시간을 절감하고, 새로운 도구를 활용해 업무 효율을 높이기 위해 노력한다. 나는 어떤 일을 하든 이때의 경험을 떠올리며 리소스의 범위를 넓혀 독창적인 협업 방법이 없을지 생각한다.

드라마 〈이태원 클라쓰〉에서 박새로이의 가게는 맛도 인테리어도 괜찮고 직원들도 친절한데 장사가 잘되지 않았다. 고민하던 박새로이는 "동네 자체가 죽었는데 너네 가게만 잘될 리 없지"라는 사채업자 할머니의 이야기를 듣고 다른 가게들을 돕기 시작한다. 나만 잘되는 것이 아니라 모두가 잘되기 위해 다른 가게들을 컨설팅해주고 간판도 고쳐준다. 그러자 동네 상권이 살아나고 박새로이의 가게도 함께 잘되기 시작한다.

주어진 자원이 목표를 이루기에 너무 부족하다고 생각

된다면, 자신이 가진 리소스의 범위를 더 넓은 시각으로 다시 바라보자. 내 팀을 넘어 타 부서, 나의 경우처럼 다른 회사 혹은 우리의 문제를 푸는 데 특별한 도움을 줄 수 있는 사람 그리고 〈이태원 클라쓰〉의 박새로이처럼 주변의 생태계까지. 내가 직접 컨트롤하는 영역 너머로 시야를 확장하면 창의적인 해결법으로 더 많은 걸 성취할 수 있을 것이다.

2%의 협업 공백을
어떻게 메우고 있는가?

동물들도 협력을 할까? 보상이 없어도 서로 도울까? 최소한 아프리카 회색앵무새는 최근 연구를 통해 즉각적인 이득이 없어도 서로 돕는다는 사실이 밝혀졌다. 연구진은 그들이 협력하는 이유를 '이전에 협력한 경험'에서 찾았다. 동료가 먹이를 찾아 헤맬 때 도와주면 나중에 자신도 도움받을 수 있다는 사실을 경험으로 안다는 것이다.

동물도 이러한데 가장 뛰어난 지성을 갖춘 인간은 어떨까? 어느 조직이나 '협력'이 필요하다는 사실을 머리로는 잘 알고 있다. 하지만 이를 실제로 행하기는 여간 어려운 일이 아니다.

조직은 구성원의 성과를 명확하게 측정하기 위해 KPI^{Key Performance Indicator}를 설정한다. KPI는 조직의 규모가 클수록 세분화된다. 조직이 KPI를 설정하는 근본 취지는 각 단위가 책임져야 할 성과를 명확하게 정의하기 위해서다. 하지만 안타깝게도 많은 개인과 조직이 KPI 자체에만 주목해 '내 일, 네 일'을 나누려 한다. 조직에 이런 정서가 강해질수록 협업은 어려워진다. 협업을 해야 조직과 개인의 성과가 높아지는데, 성과를 평가하는 지표가 오히려 성과 창출을 방해하는 꼴이다. 앵무새도 하는 협업을 최고 수준의 운영 시스템을 갖춘 기업들이 하지 못한다는 것은 아이러니가 아닐 수 없다. 모두 조직 이기주의 때문이다.

내가 마이크로소프트에서 중견중소기업사업부를 맡았을 때도 협업이 큰 이슈가 된 적이 있다. 고객사 수가 많아 온라인 영업이 효과적이라고 판단한 회사는 호주에 디지털 세일즈팀을 만들고 원격 영업을 하기로 결정했다. 다만 한국 시장의 특성상 대면 영업을 완전히 접을 수는 없어 일부 솔루션 전문 인력은 한국에 두기로 했다. 같은 고객을 상대로 한 팀은 호주에서, 한 팀은 서울에서 협력해 영업하는 전형적인 매트릭스 구조를 만든 것이다. 어느 한쪽의 힘과 노력만으로 성과를 낼 수 없는 구조였기에 회사는 양쪽 팀의 역할을 세분화했다. 호주팀은 전화나 온라인으로 고객에게 접촉해 관심을 끌어내는 역할을 맡고, 관심을 보인 고객이 구매 결정을 하기까지는 한국의 솔루션 영업팀이 담당하기로 했다. 그런 다음 마무리는 호주팀이 하기로 했다. 단계별로 양쪽 영업팀이 해야 할 일도 매우 구체적으로 정해져 있었다. 본사에서 제공한 가이드대로만 하면 완벽하게 작동되는 비즈니스 수행 구도였다.

하지만 디지털 세일즈 협업 모델이 정착되기까지는 무려 2년 이상이 걸렸다. 매뉴얼이 아무리 촘촘해도 실제 현장에서는 책임 소재가 불분명한 회색지대가 생기기 마련이다. 일이 의도한 대로 진행되려면 양쪽이 협력해 이 영역을 메워야 하는데, 책임 소재가 모호한 상황이 생기면 양쪽 모두 직무정의서에 적힌 본인의 역할만 강조하고 나섰다. 협업 모델이 정착되기까지 관계에 상처가 나기도 했고, 조직 간 다툼에 지쳐 부서를 떠난 사람도 있었다.

개인이든 조직이든 기꺼이 도움을 주고 도움을 받는 것이 어려움을 극복하고 성과를 창출하는 길이다. 산술적으로는 조직의 모든 구성원이 자기 역할을 다하면 100%의 성과가 나야 한다. 그러나 실제로 그런 경우는 거의 없다고 해도 과언이 아니다. 협력이 제대로 이루어지지 않으면 개개인 또는 개별 조직이 자기 역할을 100% 다한다 해도 온전한 성과를 내기가 어렵다. 조직을 책임지는 리더가 개인 간, 조직 간 협력에 힘을 쏟아야 하는 이유다.

회색지대를 최소화하고 협업을 이루기 위해 리더는 무엇을 해야 할까? 매뉴얼화된 직무 정의에만 의존하지 말고 '일이 되게 하는' 협업에 중점을 두어 조직을 관리해야 한다. 팀 스포츠인 축구나 농구를 보면 누가 골을 넣었는지 뿐만 아니라 누가 어시스트를 했는지도 중요하게 평가한다. 마찬가지로 기업도 최종 결과물을 내기까지 협업에 대한 기여도를 온전히 평가하고 보상해야 협업을 지속적으로 기대할 수 있다.

일을 해보면 90%가 부족해 실패하는 경우보다는 2%가 부족해 실패하는 경우가 더 많다. 그럴 때 다른 사람의 작은 도움이 실패를 성공으로 반전시키기도 한다. 2%만 채워준다고 생각하면 협업이 대단히 거창하거나 어렵게 다가오지 않을 것이다. 나도 이런 마음으로 다른 사람, 다른 팀의 부족한 2%를 기꺼이 채워주고자 한다. 내가 여유 있을 때는 결코 어려운 일이 아니기도 하고, 그렇게 하면 언젠가 내가 필요할 때 도움을 받을 수도 있지 않을까?

평소 몸에 배지 않았다면 도움을 청하거나 도움을 주는 일이 어색하게 느껴질 수도 있다. 도와달라고 요청하지도 않았는데 괜히 도와주면 '오지랖'이라는 소리를 듣지 않을까 염려되는 것이다. 반대의 경우도 마찬가지다. 도움을 청하는 행위가 자칫 자신의 능력 부족으로 비치지는 않을까 걱정되어 도움을 구하지 않는 이들이 있다. 그러나 도움을 주고받는 것은 팀이 성과를 내는 데 필수불가결한 요소다.

리더는 각 조직과 개인이 도움을 주고받는 분위기가 조직문화로 뿌리내리게 해야 한다. 회사의 평가 체계에 '협업' 항목을 넣는 것이 가장 강력한 조치가 되겠지만, 리더가 나서서 동료를 도운 팀원을 칭찬하고, 일의 결과물뿐 아니라 협업 과정을 팀에 보내는 이메일에 담는 작은 노력으로도 구성원들은 협력의 동기를 얻는다.

아프리카 회색앵무새처럼 협력을 통해 성과를 달성한 경험이 조직의 근육에 각인된다면 협력은 조직문화로 자리잡을 수 있을 것이다. 서로 도움을 주고받는 조직문화를 만들고, 협업으로 성공한 경험을 축적하고 공유하는 것이야말로 탁월한 조직이 가진 남다른 2%가 아닐까?

지금의 보상은 동기부여에 도움이 되는가?

인간은 언제, 어떤 방식으로 동기부여될까? 동기부여와 자기결정 분야의 저명한 연구자인 에드워드 데시$^{Edward\ Deci}$에 따르면 동기부여에는 내재적 보상과 외재적 보상이 모두 중요하다. 인간이 어떤 활동을 하면서 내적인 만족감과 즐거움, 성취감을 느끼는 것도 중요하고, 거기에 더해 외부의 칭찬과 인정 그리고 물질적 보상이 주어지는 것도 중요하다는 것이다. 따라서 기업이 유능한 직원을 유치하고 그들을 최대한 동기부여해 성과를 내게 하려면 이 두 가지 유형의 보상을 고루 제공해야 한다.

내가 경험한 외국계 기업들은 외재적 보상 중 인센티브를 꽤나 치밀하게 설계했다. 내적인 보상은 사람마다 받아들이는 정도가 차이가 나는 반면, 물질적 보상은 시스템적인 설계가 상대적으로 용이하기 때문일 것이다.

다국적 IT기업은 매출에 직접적인 기여를 하는 직군에 대해서는 부서뿐 아니라 개인까지 실적 목표를 주고 목표 달성 여부에 따라 인센티브를 차등 지급한다. 예를 들어 영업사원으로 일할 때 내 급여는 실적과 상관없이 주어지는 기본급과 목표 달성 정도에 따라 지급되는 실적급으로 나뉘어 있었다. 회사에 따라 차이가 있지만, 영업 직군의 기본급 대 실적급 비율은 대체로 6대 4 또는 5대 5 정도 되었던 것 같다. 닷컴 붐이 일었던 2000년대 초반에는 실적급 비중이 8인 회사도 있었다.

같은 연봉이라 해도 실적급 비율과 목표 달성률에 따라 실제로 지급받는 금액은 큰 차이가 있고, 특히 목표를 초과 달성할 때는 초과분에 대한 보상을 파격적으로 제시함으로써 초과 달성에 대한 동기를 더욱 자극한다. 연간 인센티브가 확정 지급되는 연초가 되면 고급 수입차를 끌고 나타나는 동료도 드물지 않았다. 그리고 초과 인센티브를 받아본 사람은 그 맛을 잊지 못해 어렵고 힘든 거래도 혼신의 힘을 다해 이루어내곤 했다.

이렇게 글로벌기업들은 성과와 보상이 강한 상관관계를 갖도록 설계해 더 높은 성과를 유도한다. 성과를 향상시키면 보상이 따라온다는 믿음은 직원들을 동기부여하고, 이는 조직의 전체적인 성과 향상으로 나타난다. 특히 성과를 직접적인 숫자로 연결할 수 있는 영업이나 기술 영업 같은 직군은 매출 목표와 인센티브를 실적급으로 제공하는 경우가 많다.

매출 목표와 직접적인 관련이 없는 직군들도 성과를 구체적으로 측정할 수 있는 KPI를 사전에 설정하고, 그에 따라 성과를 측정해 성과 보상 시스템을 적용한다. 예컨대 마케팅 직군은 얼마나 많은 관심 고객을 유치했느냐를, 인사부의 채용팀은 채용 요청을 받은 후 채용 완료까지 걸린 시간을 KPI로 삼아 성과를 측정하기도 한다. 또한 개인 차원의 성과 보상뿐 아니라 회사 전체 실적과 연동해 일정 비율의 성과급을 제공함으로써 팀워크와 부서 간 협력을 높이기도 한다.

그러나 보상 구조가 구성원 개인의 동기부여와 목표 달성만을 위해 존재하는 것은 아니다. 보상 구조를 설계할 때는 단순히 양적인 목표만 제시하는 것이 아니라 회사의 전략 방향과 연계해 전략의 성공적인 실행을 돕도록 의도한다.

앞서 말했듯 마이크로소프트가 기존의 패키지 판매 방식에서 구독 방식으로 전략 방침을 변경한 것은 회사 안팎에 엄청난 센세이션을 일으켰다. 구독 방식이 패키지 방식보다 훨씬 지속적으로 고객 관계를 유지할 수 있다는 점, 계속 업데이트되는 기능을 고객이 곧바로 누릴 수 있다는 점, 회사는 교차 판매Crosssell와 상위 사양으로의 업그레이드 판매 Upsell 등으로 매출을 지속적으로 일으킬 수 있다는 점 때문이었다. 마이크로소프트의 전략적 선회는 관련 업계와 시장에도 큰 영향을 미쳤다. 워낙 색다른 전략이라 처음에는 업계에서도 말이 많았지만, 얼마 지나지 않아 상당수의 글로벌 IT기업이 '구독 제품'을 연이어 내놓았고, 지금은 구독 서비스 방식이 업계의 대세로 자리 잡았다.

그러나 이러한 변화가 일선 담당자들에게 달갑기만 했을 리 없다. 그야말로 '익숙한 것과의 결별'이었다. 직원들은 그동안 몸에 익었던 영업 방식을 버리고 새로운 제품과 서비스로 고객들에게 다가가야 하는 불편한 상황에 직면했다.

어느 정도 예상은 했지만 구독 방식으로의 전환은 생각보다 훨씬 더뎠다. 영업사원들조차 고객에게 구독 방식을 권하는 데 소극적이었다. 구독 방식으로 전환하면서 이미 한 차례 실적 목표를 조정했음에도, '변화에 동참한다'는 영업사원들의 열의에만 의지하기에는 변화 속도가 목표를 달성하기에 너무 더뎌 보였다. 결국 회사는 보상 구조를 재설계하기로 결정했다. 구독 방식의 판매분에 대해서는 인센티브 가중치를 크게 높여 영업사원들에게 훨씬 유리한 보상이 가도록 한 것이다. 영업부서 외 부서들도 구독 방식에 가중치를 두어 KPI를 재설계해 추가적인 인센티브를 제공하기로 했다.

보상 체계의 변화는 즉각 결과로 나타났다. 몇 년이나 지지부진했던 구독 전환에 가속이 붙기 시작했고, 얼마 지나지 않아 패키지 판매 비중이 확연히 축소되었다. 보상 구조 변경이 눈앞의 동기부여와 실적 달성을 넘어 구독 비즈니스라는 조직의 핵심 전략을 실현하는 행동 변화를 이끌어낸 것이다.

이처럼 보상 구조는 단순히 급여나 혜택의 차원을 넘어 구성원이 조직의 전략적 목표에 맞춰 일하도록 하는 중요한 도구가 될 수 있다. 이것이 바로 보상 구조 설계를 성공적인 전략 실행이라는 관점으로 바라보고 접근해야 하는 이유다. 한마디로 보상 구조 설계는 조직을 움직이는 힘이 된다.

이는 앞서 말한 '벡터'라는 관점을 보상에 적용해봐도 알 수 있다. 성과 보상 시스템은 조직 내에서 개인이나 팀의 행동과 성과를 회사의 전략 방향으로 유도하는 매우 효과적인 도구가 된다. 성과 보상 시스템이 조직의 목표와 일치하고 충분히 매력적일 때 구성원은 회사가 제시한 기준 벡터의 방향과 속도에 자신의 업무를 맞추려 노력하게 된다. 개인의 벡터가 조직과 일치하지 않으면 성과를 달성하더라도 조직 전체의 성장에 직결되지 않으므로, 평가 가중치를 다르게 적용할 수밖에 없다. 회사가 제시한 방향, 즉 기준 벡터와 동일한 방향으로 성과를 낸 직원은 100% 인정받겠지만 회사의 벡터와 90도 방향으로 실적을 달성했다면 그 성과는 일부밖에 인정받지 못한다.

이처럼 각각의 성과에 가중치를 다르게 부여하는 보상 시스템을 통해 조직의 전략 목표를 KPI로 제시할 수 있으며, 이를 통해 직원의 행동과 노력을 조직의 핵심 목표 달성을 위한 방향으로 유도할 수 있다.

물론 성과 보상 시스템 설계는 조직의 전략적 목표뿐 아니라 문화, 재무 상황 등 다양한 요소를 종합적으로 고려해야 하는 복잡한 일이다. 동기부여를 위해 개인 보상 비중을 무작정 늘리면 협업이 필요한 상황에 팀워크에 문제가 생길 수도 있고, 팀 단위 보상이 너무 많아지면 무임승차가 발생해 유능한 직원들의 불만을 살 수도 있다. 스타트업은 전통적인 기업들과는 또 다른 특성이 있으므로 그에 맞는 맞춤형 설계가 필요하다.

그러나 어떤 상황에서든 잘 설계된 보상 시스템이 성과 창출에 직접적인 영향을 미치고, 회사의 전략 방향에 직원들을 동참시키는 효과가 있는 것은 분명하다. 글로벌기업의 사례를 그대로 차용하는 것은 적절하지 않을 수도 있지만, 그들이 보상을 설계할 때 어떤 요소들을 고려하는지 들여다보는 건 큰 도움이 될 것이다.

고과를 연말에 시작하는가,
연초에 시작하는가?

학생이 성적표로 평가받듯 직장인은 고과로 평가받는다. 그런데 학생과 직장인의 평가에는 큰 차이가 있다. 학교 시험은 명확한 점수로 나타나지만, 업무를 평가하는 일은 그리 간단하지 않다는 것이다. 그렇기에 요즘에는 자신이 받은 고과가 적절하지 않다고 여기면 이의를 제기하는 경우도 적지 않다. 긍정적인 변화라 생각한다. 고과가 자신의 예상과 크게 어긋난다면 이의를 제기할 수 있어야 한다. 이는 비단 사원들만 해당하는 일이 아니다. 임원들도 마찬가지다.

나도 한국 마이크로소프트의 부사장으로 일할 때 연말

성과 평가에 대해 이의를 제기한 적이 있다. 마이크로소프트의 영업 직군은 기본급 외에 실적급과 성과급으로 나뉘는 인센티브가 지급된다. 실적급은 목표 대비 얼마만큼의 실적을 올렸느냐에 따라 정해지고, 성과급은 해당 연도의 회사 실적에 대해 개인의 기여도와 영향을 평가하여 정해진다. 여기서 말하는 '영향impact'은 내가 동료나 타 부서의 성과에 어떤 기여를 했는지, 반대로 내가 성과를 낼 때 다른 사람들의 도움을 얼마나 받았는지로 판단한다.

연말 성과 평가가 확정된 후 개별 면담이 시작되었다. 그해 나는 실적이 괜찮은 데다 다른 부서와 협업도 잘했고, 부서원들의 리더십 평가에서도 좋은 점수를 받아 내심 좋은 평가를 기대했다. 그런데 막상 뚜껑을 열어보니 기대에 미치지 못하는 것이 아닌가. 그래서 상사에게 왜 그런 결과가 나왔는지, 다음번에 더 나은 평가를 받기 위해 어떤 것들을 더 잘해야 하는지 설명해달라고 정중히 요청했다.

부사장이 성과 평가에 이의를 제기해도 되냐고 의아하게 생각하는 사람도 있을 것이다. 그러나 평가는 직급과 상관없이 적용되므로 이의가 있다면 누구든 상사와 터놓고 이야기할 수 있어야 한다. 고과란 구성원들로 하여금 회사가 중요하게 생각하는 가치를 실현하도록 하는 기본적인 장치다. 누가 승진하는지를 보면 회사가 어떤 가치를 추구하는지 알 수 있다. 마찬가지로 내가 받은 고과는 회사가 추구하는 가치를 얼마나 잘 실현했는지를 나타내는 지표이자 개발과 성장의 자극제다. 따라서 상사는 직원이 잘한 부분은 더 잘할 수 있도록 격려하고, 개선이 필요한 부분은 적절한 피드백을 주어 발전할 수 있도록 이끌어야 한다.

그런데 오랫동안 평가자 혹은 피평가자로서 느낀 점은 평가하는 사람이든 평가받는 사람이든 이 과정을 무척 힘들어한다는 것이다.

몇 해 전 한 대기업의 임원 진급을 앞둔 부장들을 대상으로 성과 관리에 대해 그룹 코칭을 진행한 적이 있다. 팀원 개개인의 동기를 파악하는 것이 왜 중요한지, 젊은 세대의 경력 개발을 어떻게 도와야 하는지 등 성과를 높이는 방법에 대해 활발한 논의가 진행되었다. 성과 관리에서 가장 어려운 점이 무엇인지 논의하는 순서가 되자 하나같이 고과의 어려움을 토로했다. 특히 그 회사는 부서원 중 10%는 무조건 최하위 고과 'D'를 주어야 하는데, 그게 너무 힘들다는 것이었다.

그 자리에서 우리는 고과를 어떻게 개선하면 좋을지 함께 고민했다. 오랜 시간 진지하게 논의한 끝에 최종적으로 정리한 개선책은 다음과 같았다.

1. 사전에 평가 기준과 목표를 분명하게 제시한다.
2. 중간중간 면담을 통해 진행 상황을 체크한다.
3. 문제가 있다면 피드백을 정확히 해주고 어떻게 개선할지 논의한다.
4. 이후 개선 방안에 대해 고과자와 피고과자가 서로 합의하고 실행한다.

성과 평가 못지않게 리더들이 힘들어하는 것이 평가 면담이다. 많은 상사가 평가 결과를 놓고 직원과 면담하는 것을 어려워하는데, 나는 그 이유가 평가의 근거를 분명하게 설명할 수 없기 때문이라고 생각한다. 왜 그런 고과를 주었는지 평가자 본인조차 명확하게 말하지 못하는 것이다. 그러다 보니 직원들이 왜 이런 평가를 했는지, 평가를 잘 받으려면 어떻게 해야 하는지 질문하면 명쾌하게 대답하지 못하고 쩔쩔매거나 권위로 밀어붙이기도 한다. 그야말로 '고과 유감'에 '대략 난감'이다.

상사로서 평가 근거를 떳떳하게 설명하려면 어떻게 해야 할까? 평가가 성과급을 배분하는 역할에 그치지 않고 직원들의 역량을 개발하는 기회가 되게 하려면 어떻게 해야 할까? 해답은 '결과'만을 놓고 이야기하는 것이 아니라 '과정'을 두고 대화하는 것이다. 전제 조건은 사전에 평가 기준을 명확하게 제시하는 것이다. 평가가 정당하게 받아들여지려면 어떤 성과를 달성해야 하는지 합의하는 과정이 반드시 필요하다. 목표를 합의하는 과정은 대개 연초에 이루어지므로, 이 말은 곧 평가를 위한 프로세스를 연말이 아닌 연초에 시작하라는 의미다.

이렇게 목표가 정해졌다면 진행 상황을 체크하기 위한 점검 미팅이 주기적으로 이루어져야 한다. 더 나은 결과를 내기 위해 어떤 노력이 필요한지 의견을 나누는 것이다. 그러지 않으면 고과는 1년에 한 번 성과급을 배분하기 위한 절차로만 인식되고, 중간 피드백 없이 결과로만 대화하느라 리더와 직원 모두 감정적인 소모전을 벌일 수밖에 없다.

대부분의 회사는 직원들과 1년에 두 번 또는 분기별로 면담을 권고하거나 강제한다. 많은 리더가 바쁘다는 핑계를 대며, 평소에 충분히 소통한다는 핑계를 대며 일대일 면담을 대충 넘어간다. 그러나 고과라는 주제하에 마련되는 이 자리는 단순한 중간 점검 이상의 의미를 갖는다. 구성원이 회사와 약속한 성과를 이루고 있는지, 회사가 추구하는 가치를 실현하고 있는지, 반대로 회사는 구성원이 성과를 내고 성장하는 데 필요한 지원을 이행하고 있는지 주기적으로 점검하는 시간이다. 그럼에도 회사가 고과를 일방적인 평가로만 여긴다면, 구성원이 적극적으로 나서 점검 시간을 되찾아야 한다. 그러지 않으면 일방적으로 결과를 통보받고 혼자 억울해하는 상황을 해마다 되풀이해야 할지도 모른다.

'목표 설정 및 합의 → 중간 점검 → 최종 평가'로 이어지는 일련의 과정이 당연하게 받아들여지고 매끄럽게 이루어질 때 고과는 단순한 성과 측정의 툴에 머물지 않게 된다. 그렇게 될 때 고과는 더 나은 보상에 기여할 뿐 아니라 구성원 한 사람 한 사람의 성장과 발전을 돕는 실질적인 툴이 될 수 있다. 그 옆에서 리더는 직원의 성장을 1년 내내 돕는 조력자가 될 것이다.

무능한 경력직 구성원,
나 때문은 아닌가?

내가 운영하는 유튜브 채널 '어른친구'에는 '이직을 했는데 업무 환경이 예상과 달라 너무 힘들어요', '뽑아놓은 경력직이 무능한데 어떻게 해야 하나요?'와 같은 사연이 적지 않게 들어온다. 지원자와 회사 모두 채용을 위해 적지 않은 노력을 했을 텐데, 왜 이런 일이 일어나는 것일까?

성장에 대해 직관적인 이해를 도와주는 그래프로 'S커브'라는 것이 있다. 어떤 일을 처음 시작할 때는 매우 조금씩 더디게 나아지다가 어느 시점부터 급속히 성장하고, 시간이 흐르면서 다시 그 기울기가 완만해지는 성장의 라이프사이

클을 보여주는 그래프다. 조직에 적응하는 사람들도 S커브를 그리곤 한다. 처음에는 일을 배우고 조직에 적응하는 속도가 느렸다가 어느 시점이 되면 급격히 빨라지고, 어느 수준에 도달하면 다시 학습과 성장이 더뎌진다.

새로운 조직에 입사할 때는 '초심'과 'S커브'를 마인드셋으로 장착할 필요가 있다. 뭔가를 보여주겠다고 성급하게 욕심을 내기보다는 팀이 돌아가는 모습을 지켜보면서 조직의 루틴과 리듬을 최대한 빨리 익혀야 한다. 그런 다음 조직에서 내가 빠르게 기여할 것과 장기적으로 기여할 것을 파악해야 한다. 이런 과정 없이 조급한 마음에 뭔가를 급히 보여주려고 하면 기존 구성원들이 하고 있던 것들을 부정하고, 이전 조직에서 본인이 했던 방식을 이식하려 하기 십상이다. 이런 자세로는 성과를 내기는커녕 조직에 제대로 적응할 수도 없다.

적합한 인력을 채용했는데도 그가 무능해 보일 때는 어떻게 해야 할까? 혹시 내가 너무 성급히 평가하는 것은 아닌지 돌아보자. 그리고 성장의 정체기, 이른바 매너리즘에 빠졌다면 승진이든 이직이든 새로운 자극이나 동력이 필요한 시점이 되었다고 생각할 수도 있을 것이다.

우리가 일상적으로 하는 대부분의 행동은 사실 습관적

으로 하는 것이다. 예를 들어 밥을 먹기 위해 숟가락질을 할 때마다 어느 위치에서 어느 속도로 움직여 어느 만큼의 밥을 떠 어떤 각도로 입에 넣어야 하는지 생각해야 한다면 매일의 식사가 얼마나 고역일까? 그래서 사람들은 일상적인 것들을 습관화해 별생각 없이도 손쉽게 처리한다. 일도 크게 다를 바 없다. 상당수의 일들은 정해진 루틴과 리듬이 있어 그것만 익히면 무리 없이 처리할 수 있다. 그 대신 정말 중요하거나 특별한 사안에 에너지를 집중하는 것이다.

만일 어떤 경력직이 업무를 처리할 때 버벅댄다면, 그의 역량을 의심하기 전에 그가 조직의 업무 루틴과 리듬을 익혔는지부터 살펴보자. 그리고 그가 더 늦지 않게 새로운 업무 루틴과 리듬을 익히고 능력을 발휘하도록 도와야 한다.

조직에서의 일은 커뮤니케이션과 업무 협조 속에서 진행된다. 따라서 리더는 경력직 온보딩Onboarding 과정에서 그가 맡을 일뿐 아니라 그가 협업해야 할 조직과 사람, 리소스 등을 잘 안내해야 한다. 만일 조직을 이끄는 자리에 새로 들어온 것이라면 조직의 역학관계까지 이해할 만큼 폭넓은 조직 적응 프로그램을 준비해야 한다. 신중하게 면접을 봐서 채용했다면 '얼마나 잘하나 보자'는 마음으로 가만히 지켜볼 것이 아니라 적응하는 시간을 주고, 그 시간이 단축될 수 있도록 좌우에서 도와야 한다. 쉽게 말해 첫 수습 3개월을 '검증의 시간'으로 바라보기보다는 '적응을 돕는 시간'으로 채워야 한다는 것이다.

아마존은 온보딩 기간 3개월 동안은 업무를 주지 않고 공부만 하게 한다. 필요한 과정을 이수해 자격증을 따게 하고, 3개월 막바지에는 업무에 투입해도 되는지 체크라이드 Check-ride까지 진행한다. 일손 하나가 아쉬운 상황에 이런 시간을 주는 것이 쉽지 않겠지만, 설익은 과일을 따는 조급함은 내려놓고 업무 환경과 함께 일할 사람들을 잘 안내해주어야 한다. 내가 입사했을 때 매니저가 한국의 팀내 동료 한 명, 본사의 동료 한 명을 버디로 지정해 조직 적응 기간 동안 매주 30분 정도 일대일 면담을 하며 온보딩을 돕게 했는데, 이것도 큰 도움이 되었다.

리더로 앉힐 사람을 인터뷰할 때 30-60-90일 계획을 발표하도록 하는 회사도 있다. 그런데 그렇게 과제를 내주고 평가하듯 진행하는 채용 방식보다는 입사 후 입사자와 매니저가 함께 30-60-90일 적응 계획을 세우는 것이 조직 적응에 훨씬 큰 도움이 된다. 이는 경력 입사자들의 조직 적응을 도우면서 그리고 나 자신이 여러 조직에 적응하면서 체득한

'인력 운용 필살기'다.

채용 후 첫 3개월은 인재가 조직에 제대로 뿌리내릴지, 뿌리를 내리기 전에 말라버릴지가 결정되는 중요한 골든타임이다. 적합한 절차를 거쳐 채용한 사람이라면 그를 조급하게 평가하기보다는 3개월의 기간 동안 그가 조직에 뿌리를 잘 내릴 수 있도록 도와주자. 그래야만 유능한 사람을 자칫 무능한 사람이라고 오판하는 우를 범하지 않을 수 있다. 바쁘다는 핑계로 별다른 관심도, 도움도 주지 않다가 90일이 지나고 나서 조직에 적응하지 못한 이 사람을 어떻게 내보낼 것인지 고민한다면 서로에게 불행일 뿐이다.

중국 고사에 말을 잘 감식하여 천리마를 단박에 알아보는 백락伯樂 이야기가 있다. 어느 날 그는 소금 수레를 끌고 힘겹게 언덕을 오르는 말을 보고는 곧바로 달려가 끌어안고 통탄했다. 천하의 명마인데도 알아주는 이가 없어 힘겹게 살아가고 있었던 것이다. 고사는 '백락이 있은 후에 천리마가 있다'는 교훈을 전한다. 어쩌면 우리도 천리마를 알아보지 못한 마부처럼 뛰어난 인재를 뽑아놓고도 무능하다고 비난부터 하는 것은 아닌지 돌아볼 필요가 있다.

팀원들의 일솜씨를 키워줄
구체적인 방법이 있는가?

자랑 같아서 조금 쑥스럽지만, 나는 일을 잘한다고 자부한다. 나아가 누가 일을 잘하는지, 누가 어떤 점이 미흡한지 판단하는 눈을 가지고 있고, 어떻게 하면 일을 더 잘하게 할 수 있을지 코칭하거나 돕는 데도 어려움을 느끼지 않는다. 팀 리더라면 어떻게 일하는 게 잘하는 것인지 판단할 수 있어야 하고, 팀원들이 일을 잘할 수 있도록 코칭하는 능력을 가지고 있어야 한다. 이는 팀원들의 능력을 높이고 성장시키기 위해, 시너지를 일으켜 팀의 성과를 최고로 끌어올리기 위해 반드시 필요한 리더의 핵심 능력 중 하나다.

그런데 일을 잘한다는 것은 도대체 무엇을 말하는 것일까? 같은 팀이라 해도 각자 맡은 역할과 일의 내용이 다른데, 우리는 어떨 때 일을 잘한다고 평가하고 어떨 때 미흡하다고 느낄까?

일을 잘하는 사람들은 업무가 주어졌을 때 곧바로 착수하지 않는다. 그 전에 그 일의 목적과 범위 그리고 어떤 결과물이 나와야 하는지 등을 파악한다. 우리는 학교에서 '언제, 어디서, 누가, 무엇을, 어떻게, 왜'라는 육하원칙을 배웠다. 회사 일도 이 육하원칙에 따라 파악하고 추진하라는 말을 많이 들었을 것이다. 리더가 팀원에게 일을 줄 때도 일의 목적과 결과물, 범위, 일정 등을 명확하게 커뮤니케이션해야 한다. 그래야 원하는 결과물이 나올 뿐 아니라, 팀원들도 어떤 일을 하든 일의 목적과 결과물을 먼저 생각해보는 습관을 갖게 된다.

그런데 우리는 보통 한 가지 일만 하는 게 아니라 여러 가지 일을 동시에 진행한다. 일을 하는 중에 또 다른 업무가 부과되기도 하고, 어떤 일은 아주 긴 호흡을 가지고, 어떤 일은 긴급하게 바로 처리해야 한다. 이처럼 복잡하게 겹쳐진 일들 중에 내가 당장 집중해야 할 일이 무엇인지 가려내는 것도 역량이다. 일을 잘하는 사람은 당장 눈앞에 떨어진 일만 보지 않고 우선순위를 파악하는 역량이 뛰어나다.

이 역량을 키우기 위해 여러 가지 도구를 활용할 수 있다. 그중 나는 2×2 매트릭스가 쉽고 유용해 즐겨 사용한다. 주어진 각각의 일을 빠르게 검토해 긴급한 일은 X축에, 중요한 일은 Y축에 배치해보는 것이다.

정도의 차이는 있겠지만 일은 중요한 일과 덜 중요한 일 그리고 긴급한 일과 어느 정도 시간 여유가 있는 일로 나눌 수 있다. 이 두 요소를 조합해보면 중요하면서 긴급한 일, 중요한데 덜 급한 일, 덜 중요한데 긴급한 일, 중요하지도 긴급하지도 않은 일이라는 네 가지 경우의 수가 나온다.

이렇게 정리하면 어떤 일을 우선적으로 처리해야 할지가 보다 분명해진다. 당연히 중요하고 긴급한 일을 최우선으로 처리해야 한다. 그다음에는 긴급하고 덜 중요한 일을 해야겠지만, 덜 급하고 중요한 일 또한 놓치지 말고 중간 점검을 해가며 차분히 진행해야 한다. 누구나 한 번쯤 경험해봤겠지만, 급하지도 않고 중요하지도 않은 일들은 옆에 밀쳐둔 사이에 저절로 소멸하기도 한다. 때로는 상사나 동료가 찾아와 급하지도 중요하지도 않다고 미뤄둔 일을 다급하게 요구할 수도 있다. 그 말은 그 일의 범주가 바뀌었다는 뜻이니 우선순위를 재조정해야 한다. 일을 잘하는 사람은 이렇게 일의 우선순위를 정하고 그때그때 유연하게 조정할 줄 안다.

어떤 직원은 일의 우선순위를 고려하지 않고 주어진 순서대로 처리한다. 이렇게 하면 급하지도 중요하지도 않은 일과 급하고 중요한 일에 시간과 노력을 동등하게 배분하여 처리하기 쉽다. 대체로 일머리가 없는 사람들이 이렇게 한다. 만일 이런 팀원이 있다면 리더가 개입하여 팀원이 일의 '경중'과 '완급'을 구분하도록 도와주어야 한다.

일솜씨가 뛰어난 사람들의 또 다른 특징은 일의 경중과 완급뿐 아니라 그 일의 크기를 파악하는 능력이 남다르다는 것이다. 내가 이 일을 하려면 몇 시간이 걸릴지 금방 파악해 그에 맞게 자신의 시간과 노력을 조절한다. 물론 예상한 시간에 일이 완료되지 않을 수도 있다. 3시간이면 충분할 거라 생각했는데 5시간이 걸렸다면 자신의 능력을 과대평가했거나 일의 크기를 과소평가했다는 뜻이다.

이렇게 예측과 결과를 비교해보며 자신의 일솜씨를 객관적으로 파악할 수 있다. 일의 크기와 자신의 역량을 정확하게 파악하는 능력은 앞서 말한 일의 중요도와 긴급도를 판단하는 능력과 더불어 일솜씨를 탁월하게 만드는 기본 역량이다.

리더에게 요구되는 효율적인 업무 처리 능력도 이와 본질적으로 다르지 않다. 다만 리더에게는 자신의 능력뿐 아니라 구성원들의 능력을 정확하게 가늠하는 능력이 추가로 요구된다. 이 일을 김 대리에게 맡기면 일의 크기와 김 대리의 능력을 감안했을 때 6시간 정도 걸릴 테고, 박 과장에게 맡기면 4시간이면 끝낼 수 있을 거라는 식의 판단을 할 수 있어야 한다는 말이다.

뛰어난 요리사는 레시피만 잘 아는 것이 아니라 '소금 약간', '후추 조금'이라고 할 때도 그 약간과 조금이 어느 정도인지 정확하게 가늠한다. 매번 계량스푼과 저울을 동원해 요리를 한다 해도 탁월한 요리사의 맛을 낼 수는 없다. 과하지도 부족하지도 않게 재료의 양과 질을 다루는 그 적절함이 바로 요리사의 핵심 역량이기 때문이다.

팀원이든 팀장이든, 일솜씨를 결정하는 가장 핵심적인 요소는 바로 그 '적절함'을 찾아내는 능력이라고 생각한다. 이 예리하고도 까다로운 '적절함'을 갖추려면 어떻게 해야 할까?

나 또한 커리어 여정 내내 이 '적절함'의 감각을 갖추기 위해 부단히 노력했다. 나만의 필살기를 하나 소개하면 바로 '복기'를 하는 것이다. 복기할 때 명심할 점은 내가 했던 행동을 '맞고, 틀리고'의 기준으로 채점하듯 판단해서는 안 된다는 것이다. 복기는 '오답노트' 만들기가 아니다. 일은 맞고 틀리고의 문제가 아니라, 가장 적절한 타이밍과 가장 적절한 세기와 가장 적절한 조율을 통해 이루어진다. 나는 일이 끝나면 전 과정을 복기하며 내가 순간순간 했던 판단과 행동이 적절했는지 돌아본다. 실패했다면 어느 부분에서 과했는지 혹은 부족했는지, 어느 부분에서 타이밍이 적절하지 않았는지 등을 반추한다.

팀원들의 일솜씨를 높여주고 싶다면 복기하는 팀 문화를 만들어보자. 영업팀을 맡고 있다면 수주와 실주의 과정을 복기하고, 마케팅팀을 맡고 있다면 여러 인풋을 조정해 나가며 아웃풋이 어떻게 달라지는지 확인해보자. 팀원들은 '적절함'을 잘 아는 일잘러들이 되고, 우리 팀은 더 강한 팀으로 진화할 것이다. 훌륭한 리더는 그저 혼자서만 일을 잘해내지 않는다. 팀의 일솜씨를 높일 방법까지 제안한다.

스스로 빛나려 하는가,
팀을 빛나게 하는가?

규모가 큰 회사들은 부서 단위로, 작은 회사들은 전사적으로 전직원 미팅을 진행한다. 나도 사업부를 맡으면서부터 분기마다 사업부원 전체를 모아 미팅을 진행했다. 분기 전직원 미팅은 한 분기 동안의 사업 실적을 발표하고, 수고한 직원들의 노고에 감사함을 전하며, 다음 분기 계획을 공유하는 자리다. 이때 나는 팀별로 사업 실적을 발표하게 하여 실적이 좋은 팀은 상사와 동료들 앞에서 자랑하게 하고, 실적이 부진한 팀은 스스로 지난 분기 활동을 돌아보며 미진했던 부분을 점검하고 다시 한번 의지를 불태우게 했다.

처음 사업부장을 맡은 이래로 벌써 15년이 지났으니 1

년에 네 번씩, 지금껏 진행한 전직원 미팅만 50번이 넘는다. 그중 지금도 기억나는 미팅이 하나 있다.

당시 우리 부서의 분기 실적이 목표를 훌쩍 뛰어넘은 것은 A팀장이 이끄는 팀이 예상외 실적을 낸 공이 컸다. A는 우리 사업부의 탁월한 직원 중 한 명이었다. 그의 영업력과 성실함은 누구와 견주어도 월등했기에 팀장 자리가 비었을 때 나는 회사를 설득해 그를 팀장으로 임명했다. 그게 바로 직전 분기의 일이었는데, 팀장이 되자마자 대단한 성과를 낸 것이다.

미팅이 시작되었다. A는 잘 정리된 파워포인트를 스크린에 띄우고 팀 성과를 발표하기 시작했다. 전체 성과를 요약할 때까지만 해도 분위기가 좋았다. 그런데 성과 달성에 가장 크게 기여한 딜에 대한 이야기로 넘어가자 회의실 분위기가 미묘하게 달라졌다. 그 딜은 A가 팀을 맡기 전에 시작된 것이었다. 오랜 기간 여러 차례 난관에 부딪혔지만 포기하지 않고 여러 팀이 협업한 끝에 마침내 계약을 성사시켰다는 배경이 있었다. 그런데 A는 본인이 팀을 맡고 난 후의 노력과 성과만 다루었다.

세일즈 세계에서는 '운칠기삼運七技三'이라는 말이 자주 사용된다. 그만큼 계약 성사에는 노력뿐 아니라 운도 큰 영향을 미친다. 마침 A가 팀을 맡고 난 뒤에 계약이 성사되었으니 분명 그는 운이 좋은 사람이다. 그럼에도 A의 발표 내용에는 오랜 기간 애써온 팀원들과 유관부서 그리고 전임 팀장들의 노력이 생략되어 있었다. 계약 과정을 지켜본 내 눈에도 그렇게 보였으니 그 딜을 위해 여러모로 노력했던 사람들에게는 그의 발표가 어떻게 들렸을까? 걱정이 되어 사람들의 표정을 살피니 깊은 섭섭함이 단번에 느껴졌다.

팀장이 되기 전 팀원으로서 A의 역할은 본인의 능력을 최대한 발휘해 자신에게 주어진 일을 완수하는 것이었다. 그 결과 역량과 노력을 인정받았고, 마침내 팀장으로 승진했다. 그는 분명 그간의 노력이 결실을 맺었다고 생각했을 것이다. 그러나 그 뿌듯함 이면에는 의식적으로 살피고 주의하지 않으면 빠지기 쉬운 함정이 도사리고 있다. 그것은 바로 '나 혼자만 빛나고 싶은 충동'이다.

회사는 A처럼 탁월한 성과를 발휘한 사람을 팀장으로 임명한다. 뛰어난 축구선수가 감독이 되고, 뛰어난 연주자가 지휘자가 되듯 개인기가 뛰어나 주목받던 사람에게 팀의 성과를 책임지는 자리가 주어지는 것이다. 그러니 새로 팀장을 맡게 되는 순간이야말로 자신감이 가장 충만하고, 자신의 기여도를 유독 강조해 드러내고 싶은 유혹에 빠지기 쉽다.

하지만 팀원들의 마음을 들여다보자. 팀장이 혼자 빛나려 하면 팀원들은 어떤 느낌이 들까? 팀장의 능력만으로 팀이 운영된다면, 팀원들은 창의력과 열정을 발휘할 수 있을까? 그들은 '내가 아무리 기여해도 어차피 팀장님의 공이 될 텐데' 하며 수동적이고 냉소적인 태도로 업무에 임할 가능성이 크다. 심한 경우 박탈감을 느끼고 자율성을 상실한 채 마지못해 일하게 될 수도 있다.

팀장의 역할은 혼자 빛나는 것이 아니라, 팀원 각각이 빛날 수 있는 환경을 조성해 팀이 좋은 성과를 내도록 만드는 것이다. 팀원들에게 필요한 자원을 제공하고 그들의 의견을 경청하는 것 그리고 그들이 능력을 최대한 발휘하도록 도와주는 것, 이것이 바로 팀장의 역할이다.

팀원들의 눈과 귀는 항상 팀장에게 향해 있다. 팀장의 일거수일투족은 팀원들에게 모니터링되고 있다는 사실을 잊지 말자. 팀원들이 입 다물고 아무 말 하지 않을 때조차 그들의 눈과 귀는 팀장에게 향해 있다는 것을 명심하자.

자기 업적만 자랑하는 팀장은 팀원과 동료들이 보기에도 꼴불견이지만, 팀장을 관리하는 경영진이 보기에도 우스

꽝스럽다. 그날 A의 모습이 그랬다. 나는 전체 미팅이 끝난 뒤 곧바로 A와 일대일 미팅을 진행했다. 나는 그에게 팀장의 능력과 업적은 '좋은 성과를 달성한 팀의 리더'라는 사실만으로도 충분하다고 조언했다. 또한 팀원들의 노고와 열정과 협력이 만들어낸 성과임을 인정하고 공로를 돌리는 팀장이야말로 팀원들의 존경심을 이끌어낼 수 있다고 말했다.

그날 이후 A는 확연히 달라진 모습을 보였다. 기회가 있을 때마다 팀원들의 기여를 강조하고, 칭찬을 아끼지 않았다. 말로만 치하하는 게 아니라 그들의 기여가 승진과 보상으로 이어지도록 애썼다. 이후 그의 팀은 몇 번이나 더 뛰어난 실적을 달성했다.

진정한 리더는 혼자만 빛나지 않는다. 언제나 팀과 함께 빛난다.

4

리더가 일하는 방식이
곧 조직문화다

조직문화를 어디까지
고민해봤는가?

　　조선왕조가 세계사를 통틀어 가장 오래 지속된 왕조 중 하나라는 것은 잘 알려진 사실이다. 부패하고 퇴락한 고려를 무너뜨리고 역사의 무대에 등장한 조선이 600년 동안 지속될 수 있었던 요인은 여러 가지가 있겠지만, 그중 문화적 혁파를 핵심적인 요인으로 보는 학자들이 많다.

　　조선 건국을 주도한 신흥사대부들은 곧바로 고려와의 결연을 단행했다. 그리고 이를 완성하기 위해 의식주를 비롯한 모든 영역에 새로운 문화를 이식하고 뿌리내렸다. 그들은 고려와 절연하려면 제도와 법령을 교체하는 것만으로는 충분하지 않다는 것을 절감하고 문화적인 혁신을 이루고자 가

옥 구조를 바꾸었으며, 심지어 책상과 의자를 버리고 온돌과 양반다리로 대표되는 좌식 문화를 도입했다. 정치제도뿐 아니라 삶의 방식 전반을 송두리째 바꾼 조선의 문화 혁신이 이후 무수한 외침과 격랑 속에서도 무너지지 않은 조선을 가능케 한 것이다.

기업도 저마다 고유의 문화가 있다. 의사결정 방식, 직원들이 서로를 대하는 태도, 심지어 출퇴근 시간과 복장까지 문화를 형성한다. "전략은 문화의 아침거리에 지나지 않는다 Culture eats strategy for breakfast"라는 피터 드러커 Peter Drucker 교수의 말처럼 기업의 문화는 눈에 보이지 않지만 비즈니스 전략 이상으로 회사의 지속적 발전에 중대한 영향을 미친다. 특히 시대의 변화에 맞춰 혁신이 요구될 때 회사는 변화를 선도하기 위해 새로운 문화를 강력하게 추진한다. 일하는 방식과 생각하는 방식, 관계 맺는 방식을 구체적으로 정의하고 바꾸어야 새로운 전략을 실행할 수 있기 때문이다.

닷컴 버블이 꺼진 2000년대 초부터 시작된 '마이크로소프트의 잃어버린 10년'이 지난 후 CEO로 부임해 혁신을 이끈 사티아 나델라 회장은 문화가 바뀌지 않는 한 변화에 성공할 수 없다고 생각했다. 그가 가장 심혈을 기울인 것은 새로운 조직문화를 정의하고 그것을 조직 전체에 뿌리내리는 일이었다. 그는 CEO의 'C'가 문화^{Culture}를 의미한다며 스스로를 '문화 큐레이터^{Culture Curator}'라 정의하고 새로운 문화를 정착시키는 데 혼신의 노력을 다했다. 몇 번의 요란한 캠페인으로는 기존 방식의 집요한 저항을 이겨내지 못할 뿐만 아니라 아래로부터 진정한 동참과 변화를 기대할 수 없을 것이라고 생각했기 때문이다.

코로나19를 거치면서 사회 전반에 걸쳐 엄청난 변화가 일어나고 있다. 마치 지각변동이 일어나듯 비즈니스 기회를 맞이하는 기업과 도전받는 기업들이 생기고, 기업마다 명운이 달라지고 부침 또한 극심하다. 살아남는 전략, 혁신하는 전략은 회사마다 다르겠지만 새로운 문화를 만들고 정착시켜야 한다는 사실만은 모든 기업의 공통적인 과제가 되었다. 사티아 나델라 회장이 보여주었듯 혁신의 선봉이자 문화 큐레이터로서 CEO의 역할은 더욱더 중요해질 것이다.

몇 해 전 큰 제조기업의 CEO를 고객으로 만났다. 그 회사는 유럽에 생산공장이 있었는데, CEO는 물리적인 거리와 언어 문제로 유럽 공장과 한국 본사 간의 커뮤니케이션이 원활하지 않은 점을 깊이 고민하고 있었다.

그는 체코 프라하로 출장을 갔을 때의 일을 들려주었다. 지인의 강력한 추천으로 출장 마지막 날 새벽에 프라하성을 방문했는데, 성이 너무 커 입구를 찾는 것조차 쉽지 않았다. 체코에는 영어를 할 줄 아는 현지인이 드문데 설상가상으로 새벽이라 관광객도 없었다. 손짓발짓으로 현지인에게 출입구를 물어보던 그는 문득 구글 번역기를 떠올렸고, 번역기로 영어를 체코어로 번역해가며 의사소통을 한 끝에 프라하성 관광을 무사히 마치고 귀국행 비행기를 탈 수 있었다.

한국에 돌아온 그는 유럽 공장과 본사 간의 커뮤니케이션을 위한 인프라 구축에 박차를 가했다. 프라하에서의 경험으로 IT 기반의 번역 기술을 이용하면 지리적 제약이나 언어 문제를 해결할 수 있을 것이라는 확신이 들었다.

원격 업무와 다국어 환경의 해결책을 고민하던 그는 우여곡절 끝에 '원격 화상회의'라는 해결책을 찾았다. 비록 실시간 번역이 완벽하지는 않았지만 나름 괜찮은 대안이었다. 하지만 '말을 물가까지 끌고갈 수는 있지만 억지로 물을 먹일 수는 없다'는 말처럼, 문제는 그렇게 찾아낸 해결책을 어떻게 일하는 문화로 정착시킬 것인가였다. 그는 자신이 주관하는 임원회의부터 원격 화상회의로 진행하기로 했다. 임원들 모두 자신의 사무실에서 원격으로 접속하는 것이 익숙하지 않아 불편을 겪었지만, 그는 회사의 글로벌 전략을 강력하게 추진하기 위해서는 원격 화상회의 시스템 활성화야말로 피할 수 없는 승부처라 판단하고 강하게 밀어붙였다. 나는 운 좋게도 그의 고민과 분투 과정을 곁에서 지켜볼 수 있었고, 그의 조직이 새로운 솔루션으로 일하는 문화를 바꾸어가는 과정을 함께할 수 있었다.

나는 집으로 돌아와 그 회사의 주식을 몇 주 샀다. 이런 CEO가 이끄는 회사라면 분명 잘되겠다는 확신이 들었기 때문이다. 그로부터 몇 개월 뒤 코로나19가 전 세계를 집어삼켰다. 여러 기업이 미처 준비하지 못한 상태로 재택근무를 시행했고, 비행기 길마저 막히면서 업무 차질이 불가피했다. 하지만 그 회사는 CEO의 주도하에 원격근무를 미리 경험하고 준비했기에 예상치 못한 상황에서도 업무 연속성을 유지할 수 있었다.

조직의 문화는 일하는 방식 그 자체다. 아무리 필요하고 새롭고 좋은 방식이라도 구성원의 공감을 얻지 못하면 기업 문화로 자리 잡을 수 없다. 이미 체화된 기존의 방식이 있고, 그게 훨씬 익숙하고 편안하기 때문이다. 내가 만난 CEO처럼 익숙한 것을 버리려면 초기의 불편함을 강제함으로써 새로운 방식의 편리함을 체감하게 해야 한다. 이 과정에서 리더의 솔선수범은 기본이다. 업무 현장에서 '안전제일'을 최초로 주창한 것으로 유명한 US스틸의 CEO 엘버트 개리[Elbert Gary]는 안전문화를 뿌리내리기 위해 경영회의에서 항상 안전 어젠다를 가장 먼저 논의하게 하고, 그 안건이 끝나면 의도적으로 자리를 뜨는 행동으로 자신의 의지를 강조했다.

기존의 비즈니스가 도전받는 상황이든, 새로운 기회를 만들어내는 상황이든, 변화에 직면해 조직의 혁신을 이끄는 리더라면 기존의 익숙한 것들이 과연 지금 상황에서도 유효한지 돌아봐야 한다. 효율성이 점점 떨어지는데도 단지 익숙하다는 이유만으로 고수하고 있는 것들, 새로움에 저항하는 낡은 것들을 찾아내 일격을 가하는 과감함이 필요하다.

단, 이 과정이 일방적이어서는 안 된다. 조직문화를 실천하는 주체인 구성원들의 생각을 어떻게 읽을지, 어떻게 공감지수를 높여갈지도 치열하게 고민해야 한다. 새로운 문화를 정착시키는 데 불편하거나 비효율적인 것들은 없는지 구성원들의 피드백을 적극 반영해 개선해야 한다. 아무리 뛰어난 혁신 전략이라도 구성원이 공감하고 참여해 새로운 문화로 정착되지 않는다면 공허한 구호에 불과할 뿐이다.

우리 팀 분위기는
심리적 안전감을 주는가?

회사의 업무는 PDCA, 즉 계획-실행-평가-개선[Plan-Do-Check-Action]의 무한 루프다. 목표를 설정하는 것은 계획이고, 계획에 따라 업무를 수행하는 것은 실행이다. 중간중간 진행 상황을 점검하는 것은 평가에 해당하고, 평가 결과가 애초의 목표에 미치지 못하면 그것을 달성하기 위해 다양한 개선 활동이 이루어진다. 이 루프가 팀, 사업부, 나아가 회사 전체로 유기적으로 이어지며 순환해 전체 성과를 만든다.

이 과정에서는 매출을 책임지는 사업부서의 정확한 매출 예측이 필요하다. 예상 매출을 기반으로 회사가 살림 규모를 정하고 각종 의사결정을 하기 때문이다. 이처럼 매출을 정확히 예측하는 것은 경영 활동의 기본이다. 하지만 실제로 사업을 하다 보면 매출이 애초의 목표 수치와 일치하는 경우는 거의 없다. 사업부서 리더라면 누구나 매출 예측의 중요성을 알고 있지만, 정확하게 예측하는 것은 결코 쉬운 일이 아니다.

영업 조직을 이끄는 리더들은 주기적으로 거래 진척 상황을 체크한다. 회사마다 영업 관리에 활용하는 툴은 다를지라도 일대일 미팅이나 팀 미팅을 통해 거래 진행 상황을 확인하지 않는 영업 매니저는 없을 것이다. 영업 관리 시스템에 'A고객사에서 ○○제품으로 언제까지 얼마의 매출을 올릴 예정'이라고 입력되어 있어도 거래가 그대로 마무리되는 경우는 거의 없다. 영업사원의 의지가 지나치게 반영되기도 하고, 그때그때 상황을 어떻게 판단하고 행동하느냐에 따라 예측과 결과가 크게 달라지기도 한다. 그래서 매니저들은 영업사원들과 수시로 만나 거래 상황을 파악한 다음 어떤 조치를 취할지 가이드를 주고 회사에 예상 매출액을 보고한다.

나는 15년이 넘는 시간 동안 영업팀장, 사업부장, 지사장으로 매출부서를 이끌면서 매출 예측이 비교적 정확하다는 평가를 받아왔다. 물론 처음부터 그랬던 것은 아니다. 각 거래의 진행 상황을 더욱 정확하게 파악하기 위해 남다른 노력을 쏟은 결과다.

현장 상황은 고객들과 대면하는 팀원들이 가장 정확하게 알고 있으므로 거래 진행 상황을 파악하려면 팀원들과의 소통이 필수다. 단, 때로는 팀원이 말하지 않는 사실이 있을 수 있다는 점도 염두에 두어야 한다. 그렇다고 내게 팀원들의 마음을 읽는 독심술이나 남다른 혜안이 있는 것은 아니다. 대신 나는 영업사원들이 거래 상황을 솔직하게 이야기할 수 있는 분위기를 만들고자 노력했다.

정기 미팅이 아니더라도 팀원들은 거래에 이슈가 생기면 언제든 나를 찾았다. 유관부서와 협업하는 과정에서 발생한 문제를 해결해달라고 하기도 하고, 경쟁사가 윗선 영업을 하고 있으니 고객사 방문에 동행해달라고 요청하기도 했다. 심지어 본인이 실수로 견적을 잘못 냈는데 어떻게 수습하면 좋을지 도움을 구하기도 했다. 팀원들과 늘 소통한 덕에 내가 파악한 거래 상황은 언제나 최신 버전이었고, 결과적으로 내가 보고하는 예상 매출은 실제에 근접했다. 문제 상황에 대한 판단과 조치도 신속하게 내리니 수주 확률도 높아졌고, 팀의 생산성은 꾸준히 올라갔다.

팀원 간 그리고 팀장과 팀원 간 업무는 유기적으로 연

결되어 있다. 그럼에도 정보 공유와 협업은 유기적이지 못한 것이 사실이다. 그렇다면 우리 팀원들은 어떻게 실수마저 공유할 수 있게 되었을까?

구글은 2012년부터 고도로 생산적인 팀들의 특성을 연구한 '아리스토텔레스 프로젝트'를 수행했다. "전체는 부분의 합보다 크다The whole is greater than the sum of its parts"라는 고대 철학자 아리스토텔레스의 말을 입증하려는 듯, 구글은 생산성 높은 팀을 연구해 탁월함의 비밀을 규명하고 회사에 전파하고자 했다.

구글이 찾아낸 요소는 다섯 가지였다. 팀의 목표 및 팀원 개인 역할에 대한 분명한 이해, 팀원들 모두 최선을 다하고 있다는 믿음, 팀원들이 자신의 일에 의미와 만족감을 갖는 것, 자신의 일이 회사에 어떤 기여를 하는지 이해하는 것이 바로 그것이다. 그리고 또 하나, 팀의 생산성에 가장 큰 영향을 미치는 요소는 심리적 안전감이었다.

연구에 따르면 높은 생산성을 보이는 팀은 다른 구성원들의 비난을 걱정하지 않고, 자기 생각을 자유롭게 표현하고, 위험을 감수할 수 있는 안전한 환경에서 일하고 있었다. 나 또한 경험을 통해 깊이 공감하는 부분이다. 내가 팀원들과 원활히 소통할 수 있었던 비결도 팀에 심리적 안전감을 주는 업무 분위기를 만들고자 노력했기 때문이다.

사람들은 자신이 심리적으로 안전하다고 느끼면 솔직해지는 경향이 있다. 대단한 거래를 추진하는 양 금액을 부풀려 보고하지도 않고, 6개월 후에나 성사될 거래를 이번 분기에 가능하다고 허위 보고를 하지도 않는다. 실수하더라도 이해받을 수 있을 거라 생각하기 때문에 다양한 시도를 해보고, 무시당하지 않으리라는 믿음이 있기에 거리낌 없이 도움을 요청한다. 팀 미팅을 할 때도 좋은 이미지를 유지하기 위해 형식을 차리거나 부정적인 진실을 에둘러 모호하게 말하지 않는다.

팀원들의 안전감을 조성하는 데 리더의 역할이 매우 중요하다는 것은 두말할 필요도 없다. 그러나 그 역할이 지나쳐 '내가 반드시 해결해야 한다'는 강박이 되면 문제 해결에도, 성과 달성에도 아무런 도움이 되지 않는다. 오히려 팀원들에게 좋은 방법이나 의견을 구하고, 팀장으로서 도울 게 있는지 물어보는 것이 더 효과적이다.

리더는 해결 방법을 지시하는 사람이 아니라 함께 생각하는 사람, 일이 예상대로 진행되지 않을 때 책임지는 사람이 되어야 한다. 상황이 어렵고 성과가 기대에 미치지 못할 때 '숫자가 인격'이라는 말로 긴장감을 조성하는 대신, 그럴수록 더욱더 팀원들이 두려움 없이 자기 생각을 말하고 새로운 제안을 할 수 있는 환경을 만들어야 한다.

충돌이 없는 걸까,
신뢰가 없는 걸까?

　내가 다니던 글로벌기업들은 1년에 한 번 동료들에게 피드백을 받도록 했다. 같은 팀 동료들과 협업하는 팀 동료들에게 피드백을 요청해서 받는 것이다. 회사마다 조금씩 다르긴 하지만 대체로 피드백을 요청받은 사람은 'ㅇㅇㅇ이 잘하고 있는 것 두세 가지와 개선해야 할 것 두세 가지'를 작성해 전달해야 한다.

　나는 동료들에게 피드백을 요청받을 때마다 개선사항을 쓰는 것이 늘 고역이었다. 애초에 빈칸으로 남겨둘 수 없도록 시스템이 설계되어 비워둘 수도 없는지라 한참을 고민하다 칭찬인지 개선점인지 구분되지 않는 애매한 문장을 적곤 했다.

'상황을 여러 각도에서 보려는 ○○님의 성향 때문에 일의 속도가 더뎌지기도 하지만, 덕분에 우리 팀은 일을 진행하기 전에 어려움을 미리 예상해볼 수 있습니다.' 이것저것 지나치게 따져 사람들을 피곤하게 만드는 동료에게 내가 준 피드백이다. 이런 피드백을 준 적도 있다. '커뮤니케이션 능력이 탁월한 ○○님은 늘 많은 아이디어로 팀에 활력을 불어넣습니다. ○○님의 아이디어에 다른 사람들의 다양한 의견이 더해진다면 팀의 성과는 더욱 높아질 것입니다.' 이는 상대의 말을 듣기보다 자기 의견을 과도하게 말하는 동료에게 준 피드백이었는데, 이 말이 거짓은 아니었지만 '개선하라'는 직접적인 메시지도 없었으니 결국 변죽만 울린 셈이다.

나만 그런 게 아니라 많은 사람이 피드백을 주고받을 때 충돌을 일으킬 수 있는 부정적인 말은 삼가고 상대의 기분을 헤아리며 하고 싶은 말을 에둘러 표현하곤 한다. 아마도 사회적인 관계 및 그룹의 규칙과 가치를 중요시하는 고맥락 사회에 살면서 충돌과 갈등을 피하는 방식의 커뮤니케이션에 익숙해졌기 때문일 것이다. 상호 신뢰를 바탕으로 대놓고 말하지 않아도 상황과 맥락으로 미루어 이해할 수 있음을 전제로 하는 커뮤니케이션 방식이다.

그러나 지금처럼 세상이 빠르게 변하고 복잡할 때는 고

맥락 사회에서 적용되던 커뮤니케이션 방식을 유지하기가 쉽지 않다. '뭔 말인지 알지?' 식으로 이심전심 소통하다 보면 정보의 왜곡이나 손실이 발생할 수 있다. 또한 갈등을 빚기 싫다는 이유로 서로의 의견이 다르다는 것을 드러내지 않으면 나중에 더 큰 문제가 생길 수 있다. 의견 차이를 드러내고 서로 설득하며 공감대를 만들어가는 노력이 중요한 이유다. 다양한 의견이나 아이디어가 자유롭게 나오지 않는다면 모든 사람이 동의하는 안전한 결정만 이루어지거나, 리더의 의견대로 조직이 움직이게 되어 새로운 의견이나 해결 방법은 시도조차 하지 못하게 될 수도 있다.

경영 컨설턴트 패트릭 렌시오니Patrick Lencioni는 자신의 저서 《팀워크의 부활The Five Dysfunctions of a Team》에서 일반적인 조직에서 쉽게 발견되는 다섯 가지 기능 장애를 소개한다. '신뢰의 부재', '충돌에 대한 두려움', '헌신 부족', '책임 회피', '결과에 대한 주의 부족'이 바로 그것이다. 그리고 이 다섯 가지는 피라미드 같은 역학관계가 작동한다고 설명한다. 조직 구성원 간에 신뢰가 부족하면 필연적으로 충돌을 회피하는 상황을 낳는다는 것이다. 또한 충돌을 회피하는 조직에서는 구성원의 헌신을 기대하기 어렵다.

저자는 반대로 신뢰, 충돌, 헌신, 책임, 결과 중심이라는 다섯 가지 층위를 아래부터 단단하게 쌓아올릴 때 조직이 정상적으로 작동할 수 있다고 일갈한다.

모든 조직이 명시적으로 '신뢰'를 강조한다. 하지만 두 번째 층위인 '충돌'에 주목하는 기업은 많지 않다. 신뢰가 강조되는 탓에 '충돌'의 중요성이 간과되는 것이다. 그러나 구성원 간에, 리더와 팀원 간에 그리고 조직과 구성원 간에 서로 솔직하지 않으면 조직 곳곳에 있는 많은 균열이 은폐되거나 묵과될 수 있다. '좋은 게 좋은 거'라며 중차대한 상황도 그냥 넘겨버리고, '의사결정 없는 의사결정'도 일어나게 된다. 조직에 흔히 나타나는 현상 아닌가? 그 결과 역할은 불분명해지고 책임은 방기되고 만다.

물론 드물게 '충돌의 문화'를 권장하는 기업도 있다. 대표적으로 '토스' 같은 IT기업에서는 구성원들의 충돌을 적극 권장한다. 토스에는 '급진적인 솔직함Radical Candor'이라고 하여, '동료 간에는 완전한 솔직함을 추구한다'는 문화적 원칙이 있다. '충돌'이라는 어감이 다소 강하게 들릴 수 있는데, 토스에서 말하는 '솔직함'으로 바라보면 한결 쉽게 이해가 될 것이다.

구성원들이 서로에게 솔직하지 못하면, 겉으로는 순탄

해 보여도 업무가 제대로 돌아가기 어렵다. 충돌을 회피하는 조직에는 시의적절한 판단 대신 '넘겨짚는 추측'과 명시적이지 않은 '암묵적 의사결정'이 난무한다. 중요한 어젠다와 이슈에 대해 누구도 자기 목소리를 내지 않고 상황을 넘겨짚다 보면, 언젠가 큰일이 터지게 되어 있다.

아마존의 리더십 원칙 중 하나인 '명확한 기준: 반대와 수용Have Backbone: Disagree & Commit'도 비슷한 맥락에서 나왔다고 할 수 있다. 자신의 의견을 당당하게 표현하고, 이견이 있을 때도 명확하게 이야기하며, 최종적으로 결정된 사항은 지지하고 실천하라는 원칙이다. 이 원칙은 열린 토론과 다양한 의견 제시를 장려함으로써, 다양성과 창의력이 존중받고 발전될 수 있는 문화를 조성한다. 이런 환경은 결정 과정을 투명하고 공정하게 만들며, 궁극적으로 팀의 의사결정 품질을 향상시킨다.

여기서 눈여겨볼 것은 '반대'라는 단어 뒤에 '수용'이 따른다는 것이다. 의사결정이 이루어진 후에는 모두가 해당 결정을 지지하고 적극적으로 참여해야 한다. 이로써 조직 전체가 한 방향으로 움직일 수 있고, 이는 빠르고 유연한 실행을 가능하게 한다. 나아가 이런 원칙은 각 개인이 충돌의 두려움을 극복하게 해주고, 조직에는 개방적인 문화와 혁신을 추구하는 방식으로 작용한다. 조직은 '반대와 수용'이라는 원칙 하에 충돌과 갈등을 적극적으로 받아들이고 관리하면서도, 일단 결정이 내려지면 전체 팀이 이를 지지하고 실행하도록 힘을 모을 수 있다.

우리 팀에는 갈등이 없다고 자랑하는 리더가 있다면 다시 한번 생각해보라고 권하고 싶다. 패트릭 렌시오니의 말처럼 어쩌면 충돌이 없는 것은 문제가 없기 때문이 아니라, 그 바탕에 신뢰가 없기 때문일지도 모른다. 신뢰가 있어야 건강한 갈등을 기대할 수 있다. 신뢰가 없으면 갈등을 빚느니 침묵하게 되고, 구성원들의 책임감과 헌신은 사라지며, 좋지 않은 결과가 나오더라도 본인의 책임이라 생각하지 않게 될 것이다.

지금이라도 팀원들이 서로를 신뢰하고 자기 목소리 내는 것을 불편해하지 않도록 그리고 본인의 의견과 다른 결정이 내려지더라도 그 결정에 헌신할 수 있도록 솔직함을 장려하자. 일상적인 의견 차이와 충돌을 통해 일치된 결론을 만들어간다면, 파도치는 바다처럼 역동적인 문화를 만들 수 있을 것이다.

내 질문은 새로운
발상을 끌어내는가?

2012년 7월, 내가 다니던 회사가 델^{Dell}에 인수되어 이
듬해인 2013년부터 나는 델의 소프트웨어 부문 한국 대표가
되었다. 델과 같은 큰 회사에 속하게 된 김에 본사의 투자를
받아 비즈니스를 더 키워보고 싶은 욕심이 생겼다. 2013년
1월 회계연도를 마감하면서(델의 회계연도는 2월 1일부터 시작된
다) 다음 회계연도의 매출 목표와 인력 계획이 내려왔다. 언
제나 그랬던 것처럼 예상치를 훨씬 웃도는 버거운 성장 목표
가 세워졌고, 이를 달성하기 위해 본사에 인력 충원을 요청
했다. 하지만 결과적으로 절반만 승인되었다.

목표를 검토하기 위해 델의 APAC 사장과 미팅을 진행

했다. 나는 그에게 녹록지 않은 한국의 시장 상황을 설명하며, 목표를 조정해주든지 그게 어렵다면 내가 요청한 만큼 인력을 충원해달라고 간곡히 요청했다. 나의 이야기를 조용히 듣던 그는 어려운 목표라는 점은 동의하지만 조정할 수 없고, 한국법인을 막 인수한 상황이라 인력 추가 역시 고려하기 어렵다며 난색을 표했다.

그대로 대화가 끝났다면 나는 크게 낙담했을 것이다. 하지만 그는 거기에서 멈추지 않고 한 가지 질문을 덧붙였다. "인력 충원 외에 우리가 사업을 키우기 위해 한국 시장에서 시도해볼 수 있는 다른 방법은 없을까요?" 추가 인력 없이는 목표 달성이 불가능하다는 생각으로 꽉 차 있던 나의 머리는 다른 방법을 찾기 시작했고, 그 자리에서 몇 가지 떠오른 아이디어를 이야기했다. 그러자 그는 한층 밝아진 표정으로 이렇게 물었다. "또 다른 방법은 없을까요?" 그의 질문에 좀 더 생각해보니 방법이 아예 없는 것은 아니었다. 그의 질문이 촉매가 되어 점차 머릿속이 활성화되기 시작했다. 그때 나는 말 그대로 머릿속이 휘몰아치는 경험을 했다.

우리는 격의 없는 대화를 진행하면서 실현 가능성이 높은 두세 가지 아이디어를 간추렸고, 실행을 위한 개략적인 틀도 잡을 수 있었다. APAC 사장은 시장개발펀드^{MDF,}

Marketing Development Fund를 지원해주고 실무 인력도 한 명 충원해주기로 약속했다. 그해 우리는 불가능하다고 생각했던 목표를, 원래 요청했던 인력의 절반으로 달성했다. '인력 충원 외에 시도해볼 수 있는 다른 방법은 없을까?', '또 다른 방법은?'이라는 질문이 새로운 방법을 생각하게 했고, 그것을 바탕으로 실행 방안과 시나리오를 연쇄적으로 생각해 불가능하다고만 여겼던 목표를 이룰 수 있었다.

리더가 던지는 좋은 질문은 고정된 사고의 틀을 흔들고, 나아가 틀 밖에서 새로운 발상을 탐색하게 만드는 강력한 효과를 발휘한다. 나의 상사가 그랬던 것처럼 구성원이 다양한 관점에서 문제를 바라보도록 유도해 새로운 아이디어를 생각하게 하고, 때로는 구성원 자신의 행동을 돌아보게 해야 한다. 나는 동료와의 갈등으로 고민하다 퇴사 결심까지 한 팀원에게 이렇게 물었다. "당신의 어떤 이야기에 그 동료가 그렇게 화가 났을까요?" 이러한 질문은 상대 입장에서 생각할 기회를 주고, 스스로 갈등을 해소할 방법을 찾을 수 있도록 도와준다.

좋은 질문은 리더십을 탁월하게 만드는 훌륭한 도구다. 그럼에도 많은 리더가 '질문'이라는 도구를 효과적으로 활용하기는커녕 불필요하고 불편하게 여긴다. 왜일까?

　　조직의 경직된 문화나 개인적인 소통 능력 부족에서 원인을 찾아볼 수도 있다. 하지만 그보다는 리더가 자신의 성공 경험이나 경력을 과도하게 자신하기 때문인 경우가 적지 않다. 이런 리더는 이미 자신이 답을 알고 있다고 확신하거나, 자기 방식이 최선이라고 생각한다. 늘 바쁘게 일하면서 지나치게 효율을 추구하는 리더들도 질문하고 답을 들으며 결정하는 과정을 시간 낭비라고 생각하는 경향이 있다. 그리고 간혹 질문하는 행위 자체가 자신의 부족함을 드러내는 것이라 여겨 질문에 부정적인 태도를 취하는 리더도 있다.

　　2021년 〈하버드 비즈니스 리뷰〉에 '좋은 리더십은 좋은 질문을 하는 것이다Good Leadership Is About Asking Good Questions'라는 제목의 글이 게재되었다. 그중 내가 밑줄 치며 읽었던 부분을 소개한다. '당신은 모든 주요 사안에 대한 답을 다 가지고 있다고 생각하는가? 만일 그렇게 생각한다면 당신은 세상이 얼마나 빠르게 변하고 있는지 모르거나, 거짓말을 하고 있는 것이다.'

　　이 글에서 저자는 리더가 모르는 것을 모른다고 하고 질문하며 상대의 지혜를 구할 때 신뢰가 형성되고, 좋은 질문을 통해 함께 고민한다면 다루기 힘든 문제를 해결하거나 혁신적인 생각을 촉발할 수 있다고 조언한다. 어쩌면 당연한 말 같지만 분명 강력한 조언이다. 그때 APAC 사장이 몇 가지 질문을 던지지 않았다면, 나는 새로운 방법을 떠올리지 못했을지도 모른다.

질문을 잘하기 위해서는 '묘수'가 필요하다. 예컨대 "어떻게 하면 매출을 현재보다 10% 증가시킬 수 있을까요?" 같은 직접적인 질문은 지양하는 것이 좋다. 비록 질문의 형태를 띠고 있지만, 사람에 따라 추궁으로 느낄 수도 있기 때문이다.

그보다는 새롭고 창의적인 생각을 자극하는 질문이 더 효과적이다. 하다못해 "오늘 이야기 나온 것 외에 우리가 놓치고 있는 게 있을까요?"처럼 평범해 보이는 질문도 사람들의 의식을 환기시키기에 충분하다. 나아가 "만약 실패해도 괜찮다면, 우리가 어떤 시도를 해볼 수 있을까요?", "리소스에 제한이 없다면 우리가 고객을 위해 어떤 일을 해볼 수 있을까요?" 같은 질문은 새로운 아이디어를 촉진할 것이다. "만일 다시 한번 기회가 주어진다면 어떤 걸 다르게 하고 싶은가요?"라는 질문은 구성원의 성찰을 도울 것이다. "그건 제가 미처 생각하지 못한 부분인데, 좀 더 자세히 설명해주시겠어요?"라고 한다면 팀원은 신이 나 자신이 알고 있는 것을 더욱 자세히 설명해줄 것이다. 질문을 주고받으며 자신의 부족함을 드러내고 도움을 요청하면 상대에게 신뢰를 줄 수 있다는 사실은 이미 많은 연구를 통해 검증되었다.

나아가 질문의 힘은 자신이 맡고 있는 조직에만 국한되거나, 일대일 면담에서만 유효한 것이 아니다. 질문을 조직 밖에 있는 고객에게 던져 위기를 극복한 사례가 있다. 2009년 소비자로부터 '최악의 맛'이라는 혹평을 받은 도미노의 사례를 보자.

패트릭 도일Patrick Doyle이 도미노의 신임 CEO로 취임하자 그에게도 피자 맛을 불평하는 고객의 목소리가 전달되었다. 이런 일이 발생하면 많은 기업이 쉬쉬하며 내부에서 문제를 해결하려 하는데, 도미노는 이러한 상황을 솔직하게 공개하고 어떻게 개선하면 좋을지 고객에게 질문했다. 그리고 뼈아픈 의견들을 제품 개발에 적극 반영해 피자 맛을 지속적으로 개선해 나갔다. 그런 노력의 결과였을까? 2009년 8달러에 불과했던 도미노의 주가는 2016년 160달러까지 치솟았고, 이 글을 쓰고 있는 2024년 6월 도미노의 주가는 531달러다. 이렇게 때로는 조직 전체로, 나아가 고객을 대상으로 한 질문이 문제 해결에 기여하기도 한다.

즉 질문은 그저 '모르는 것을 알아가는 행위'의 차원을 넘어선다. 리더가 구성원에게 더 나은 질문을 던질 수만 있다면, 사방이 가로막힌 가운데서도 조직이 나아갈 새로운 길을 찾을 수 있다. 그 질문에 리더와 구성원이 함께 답하는 과정이 더해진다면, 그야말로 '함께 길을 찾는 과정'이 된다. 팀에 답을 찾지 못한 난제가 있다면 당신이 아직 떠올리지 않은 새로운 질문은 없는지, 놓친 질문이 있다면 그것이 무엇인지 자문해보라.

여기서 한 가지 덧붙이면, 질문은 경청으로 비로소 완성된다. 질문은 대답을 듣기 위한 능동적인 행위다. 즉 질문은 적극적 경청까지 포함한 행위다. 경청이 따르지 않는다면 질문은 의도한 효과를 발휘할 수 없다. 리더의 질문에 구성원이 성심성의껏 대답했는데 리더가 경청하지 않고 '답정너'처럼 행동한다면, 앞으로 리더의 질문에 누가 마음을 담아 대답하겠는가? 질문이 상대방의 생각을 일으키고 정보를 퍼뜨리는 행위라면, 경청은 씨앗을 뿌리고 잘 가꾼 뒤 추수하는 것처럼 좋은 결과를 갈무리하는 활동이다. 경청을 통해 다른 사람의 관점이나 감정이 더 깊이 이해되고, 그것이 통찰력으로 전환되기 때문이다.

질문과 경청은 리더십의 핵심 덕목이다. 창의적인 질문과 적극적인 경청은 나눌 수 없는 하나의 행위임을 이해하고 실천해야 효과적으로 의사소통을 하고 팀의 성과를 향상시킬 수 있다. 풍부한 질문과 적극적인 경청의 능력을 갈고닦으며 실천하는 리더만이 팀과 조직의 발전을 위한 기반을 마련할 수 있다.

생각의 시점이 과거형인가,
미래형인가?

아마존의 창업자 제프 베이조스는 미래지향적인 사고를 하는 것으로 잘 알려져 있다. 단적인 예가 '만년 시계'라 불리는 '롱나우의 시계Clock of the Long Now' 프로젝트다. 1986년 미국의 과학자 대니 힐리스Danny Hillis가 처음 고안한 이 시계는 1만 년이 지나도 멈추지 않도록 설계되었는데, 제프 베이조스가 4,200만 달러를 투자해 2018년부터 텍사스의 깊은 산속에 설치되고 있다.

이 프로젝트를 추진하는 롱나우재단은 홈페이지에 시계를 만든 이유를 다음과 같이 밝혔다. '1만 년 동안 시계가 작동되면 어떤 종류의 질문과 프로젝트가 제안될 수 있을까요? 우리 한 명 한 명이 죽은 후 오랜 시간이 흘러도 시계가 계속 작동한다면 미래 세대가 끝내야 하는 프로젝트들도 시도할 수 있지 않을까요?'

아마존에는 제프 베이조스의 미래지향적 사고가 반영된 독특한 문화가 하나 있다. 바로 신규 프로젝트를 시작할 때 그 프로젝트의 완성 시점을 상상하고 작성해보는 PRFAQ^{Press Release + Frequently Asked Questions}다. PRFAQ는 아마존의 고유한 일 문화를 보여주는 예로 널리 알려져 있다.

일반적으로 PR 문서(보도자료)는 회사가 대중에 알려야 할 중요한 사안이 있을 때 작성해 언론에 배포한다. 이때 예상 질문을 FAQ 형태로 정리해 PR 문서에 붙이기도 하고, 언제든 고객들이 볼 수 있도록 홈페이지에 게시하기도 한다. 이후 PRFAQ는 기업이 특정한 활동을 마무리한 뒤에 사후적인 커뮤니케이션을 할 때 활용되곤 하는데, 아마존의 PRFAQ는 미래지향적인 문서로 활용된다.

아마존의 PRFAQ가 작성되는 시점을 보면 이 문서가 왜 미래지향적인지 알 수 있다. 아마존의 구성원들은 제품이나 서비스를 개발하기 전에 PRFAQ를 작성한다. PR 문서에는 제품/서비스의 핵심적인 기능과 장점을 간결하게 설명한다. 기존 제품/서비스가 가진 문제점과 고객의 불만을 기술

하고, 새롭게 출시하는 제품/서비스가 그 문제를 어떻게 해결할 것인지 명료하게 설명한다. 그리고 FAQ를 통해 이용방법을 안내한다.

[제목]아마존 프라임^{Amazon Prime} **– 온라인 쇼핑의 편리함과 가치를 재정의하다**

오늘 아마존은 전 세계 소비자들을 위한 혁신적인 서비스인 아마존 프라임을 시작합니다. 아마존 프라임은 소비자들에게 편리성과 가치를 완벽히 재정의해주는 온라인 쇼핑 플랫폼입니다. 이 서비스를 통해 고객들은 빠르고 안전하며 다양한 혜택을 누릴 수 있습니다.

아마존 프라임은 구독자들에게 빠른 배송, 오리지널 콘텐츠, 무료 이용이 가능한 킨들 전자책^{Kindle eBook} 등 다양한 혜택을 제공합니다. 무료 배송 서비스는 제품에 상관없이 지정된 지역에 적용되며, 고객들은 기다림 없이 빠르게 물품을 받아볼 수 있습니다. 또한 오리지널 콘텐츠 제공은 무한한 엔터테인먼트 선택지를 열어주며, 높은 품질과 다양성으로 고객들을 매료시킬 것입니다.

…

프라임 서비스 가입자 ○○○은 "아마존 프라임 멤버십은 정말 놀라운 경험을 제공합니다! 무료 배송 서비스로 주문한 제품이 빠르게 문 앞에 배달되어 편리했고, 오리지널 콘텐츠 덕분에 지루했던 시간이 즐거워졌어요. 또한 무료 킨들 전자책을 이용해 수많은 책을 손쉽게 읽을 수 있습니다. 프라임 멤버십은 온라인 쇼핑을 더욱 특별하게 만들어준 최고의 선택이었습니다"라고 평가했다.

...

외부용 FAQ

Q1: 아마존 프라임 멤버십은 어떻게 구독하나요?

A: 아마존 프라임 멤버십은 아마존 웹사이트에서 간편하게 구독할 수 있습니다. 멤버십 가입 후, 즉시 다양한 혜택을 누리실 수 있습니다.

Q2: 아마존 프라임 멤버십 기간은 어떻게 되나요?

A: 구독 시작일로부터 1년간 유효합니다. 구독 만료 30일 전에 자동 갱신 알림이 발송되며, 구독자가 갱신 여부를 선택할 수 있습니다.

Q3: 아마존 프라임 멤버십은 어느 지역에서 사용 가능한가요?

A: 현재 미국 전역 및 일부 국가에서 사용 가능합니다. 해외 추가 서비스 계획은 추후에 공개될 예정입니다.

...

내부용 FAQ

Q1: 아마존 프라임 멤버십과 기존 서비스는 어떻게 연결되나요?

A: 아마존 프라임 멤버십 API 문서가 내부 개발자 포털에 제공됩니다. 개발자 포털에서 프라임 멤버십 API의 사용법과 엔드포인트, 요청 및 응답 형식 등을 자세히 확인할 수 있습니다.

이는 아마존이 프라임 멤버십 서비스를 기획할 때를 가정하여 내가 만들어본 가상의 PRFAQ 샘플이다. 아마존의 실제 PRFAQ 문서는 공개되어 있지 않으나, 해당 서비스에 대한 구체적인 내용은 아마존의 공식 웹사이트나 보도자료 등을 통해 확인할 수 있다.

이렇게 제품이나 서비스를 만들기 전에 PRFAQ를 작성하면 여러 가지 장점이 있다. 제품/서비스의 전략적 방향성을 확립할 수 있고, 해당 제품/서비스가 출시된 시점에 어떤 가치를 제공할 수 있는지 미리 보여줌으로써 다양한 관계자들이 초기부터 아이디어를 정제하고 전략적인 방향과 목표를 공유할 수 있다. 또한 제품/서비스의 아이디어와 구현 계획이 명확하게 설명되어 있어 프로젝트를 진행하는 동안 팀 간 의사소통도 한층 명쾌해진다. 나아가 고객경험을 미리 정의해보면 기존 제품/서비스와의 경쟁우위가 명확히 드러나 포지셔닝도 확실히 할 수 있다.

나는 스타트업을 대상으로 멘토링을 할 때 PRFAQ를 작성하게 한다. 미래의 어느 시점, 제품이나 서비스를 론칭할 시점을 가정하여 PRFAQ를 작성함으로써 미래에 펼쳐질 시나리오를 생생하게 그려보도록 하기 위함이다.

우리의 고객은 누구인지, 그들은 어떤 문제를 가지고 있는지, 우리는 그 문제를 어디에서 확인했고 어떤 방식으로 해결했는지, 그래서 고객은 우리의 제품/서비스를 통해 어떤 경험을 하는지 스스로 물어보고 답하다 보면 상대적으로 경험이 적은 스타트업들도 자신의 비즈니스 모델을 점검하고 비전을 구체화할 수 있다. 또한 그 과정에서 놓친 부분을 발견하고 대응할 수도 있다. 나아가 수익 모델, 가격 정책 등 고객과 투자자가 궁금해할 내용을 FAQ에 담아내면서 사업의 타당성도 검증하고 보완할 수 있다.

이렇게 정리된 내용은 개발은 물론이고 론칭, 마케팅 계획 수립에도 수시로 참조하는 기준이자, 소통과 협업의 기초가 되어준다. 잘 짜인 PRFAQ 문서 한 장이 프로젝트 기간 내내 등대 역할을 하는 셈이다.

예를 들어 반드시 협력해야 하는 회사가 파트너십 체결에 회의적이라고 가정하자. 이때 파트너십이 체결되었다는 가정하에 몇 년 후 시점으로 파트너십이 만들어낼 결과를 PR 문서로 정리해 공유해보면 어떨까? 문서로 가시화된 미래의 성과를 보면서 협력사도 파트너십의 결과에 확신을 갖게 되고, 파트너십을 수락할 가능성이 훨씬 높아질 것이다.

직원 교육 프로그램을 기획하고 있다면 이때에도 가볍게 미래 시점의 PRFAQ를 작성해보라. 교육 프로그램이 운영되고 1년이 지났을 때 해당 프로그램을 수강한 구성원들의 변화를 PR 문서로 작성하다 보면, 이 프로그램은 누구를 대상으로 해야 하는지, 그들의 고민은 무엇인지, 프로그램을 어떤 내용으로 채워야 하는지, 교육이 효과적으로 이루어지려면 무엇이 필요한지 등 각각의 항목에 대한 시나리오를 수립하기가 한결 수월해질 것이다.

리더는 높은 곳에서 넓게 보는 사람이다. 따라서 어떤 일을 시작하기 전에 미래 관점에서 논의될 내용을 미리 파악해두는 훈련이 필요하다. 그럼으로써 프로젝트를 진행하는 동안 발생할 문제들을 예상해볼 수 있고, 그 과정에서 혹시나 놓친 것들을 늦지 않게 발견할 수 있다.

지금 당신의 시점은 어디에 고정되어 있는가?

보고를 받으면 상응하는
피드백을 주는가?

리더들은 항상 보고에 목마르다. 경영 활동은 크고 작은 의사결정의 연속이며, 각각의 결정에는 판단의 근거가 요구되기 때문이다. 경영진은 현황을 효율적으로 파악하기 위해 시시때때로 보고서를 요구하고, 더 자세한 설명을 듣기 위해 회의를 개최한다. 특히 오늘날에는 회사-본부-팀 등의 수직적 구조만이 존재하는 게 아니라, TF나 프로젝트팀 등 횡적으로도 팀이 구성되는 매트릭스식 조직 운영이 흔해져 보고의 형태와 복잡성도 그만큼 커졌다. 일정 규모 이상의 기업에는 보고만 전담하는 부서나 직원이 있을 정도다.

상부에서 끊임없이 보고를 요구하니 현장에서는 보고

서를 쓰느라 정작 중요한 일을 할 시간이 없다는 볼멘소리가 나오기도 한다. 그렇게 힘들게 보고서를 작성했는데 별다른 피드백 없이 같은 내용을 양식만 바꿔 다시 보고하라는 식의 지시가 떨어지니 '도대체 소는 언제 키우냐'는 불만이 터져 나오는 것이다.

실제로 팀원들의 평균 업무 생산성이 정체되거나 저하되는 징후가 보일 때는 과도한 보고 때문인 경우가 많다. 조직이 보고에 너무 많은 시간을 빼앗기고 있다는 의심이 들면 리더는 보고가 적절한지 찬찬히 살펴야 한다. '보고를 위한 보고'라는 불만이 감지된다면 보고 프로세스 자체에 문제가 있다고 봐야 한다. 특히 중간관리자나 실무자들이 보고서를 작성하느라 정작 본연의 활동에 지장을 받을 정도라면 보고 체계를 점검하고 혁신해야 한다.

보고가 적절히 이루어지고 있는지 살펴볼 때는 목적과 내용, 형식, 강도, 횟수, 중복 여부 등을 점검해야 한다. 강도나 횟수가 과하지 않더라도 적절한 피드백 없이 일방적인 보고만 계속되고 있다면 '보고를 위한 보고'만 한다는 뜻이므로 개선이 필요하다.

보고를 위한 보고를 줄이기 위한 몇 가지 방법이 있다.

일례로 영업 조직의 경우 통상적인 실적 보고나 중간 현황 보고는 영업 관리 시스템에 기재하는 것으로 대체할 수 있는데, 많은 회사가 관리 시스템을 구축해놓고도 별도로 수작업 보고서를 요구해 보고 업무를 가중하고 있다. 대개의 경우 통상적인 보고 업무는 기본적인 데이터 입력 위주로 간소화할 수 있고, 형식 변경이나 분석 등의 작업도 시스템의 리포팅 기능 개선이나 변경만으로 충분히 가능하다.

이미 현황 보고가 시스템을 통해 이루어지고 있다면, 리더는 불필요한 중복 보고가 이루어지고 있지는 않은지 살피고 적절히 제동을 걸어야 한다. 상급부서나 유관부서가 보고를 통해 취합된 데이터를 분석하고 피드백하고 있는지, 보고 이후 분석 내용을 적절히 활용하고 있는지 살펴보자. 아무도 들여다보지 않거나 활용하지 않는 보고서라면 즉시 없애야 한다. 실무자들이 리더에게 바라는 바람막이 역할이 바로 이런 것이다.

여러 차례 보고했는데도 적절한 분석에 근거하지 않은 일방적인 지시나 명령이 하달되는 경우도 절망적이기는 마찬가지다. 시시포스에게 내려진 신의 가혹한 형벌은 어차피 굴러떨어질 바윗덩이를 끊임없이 산 위로 밀어 올리는 것이었다. 사람을 가장 힘들게 하는 건 소용없다는 것을 뻔히 알면서도 해야 하는 헛된 노력이다. 직원이 밀어 올린 바위가 성을 쌓기 위한 것인지, 댐을 만들기 위한 것인지 설명해주지 않는 조직에는 좌절감에 빠진 시시포스만 늘어날 뿐이다. 현장의 보고에 귀 기울이고 이에 근거해 적절한 의사결정이 신속히 이루어질 때 조직의 명령은 신뢰를 얻고 권위를 갖게 된다.

또 하나, 중간 리더가 직원들의 좌절을 키우고 있는 것은 아닌지 반드시 살펴보자. 현장에서 일하다 보면 이해되지 않는 명령이나 지시를 받는 경우가 의외로 많다. 중간에서 상부 조직의 의도를 제대로 해석하지 못하고 전전긍긍하거나 무조건 '돌격 앞으로'를 외치는 리더가 많기 때문이다. 팀원들을 좌절하게 만들고 조직의 효율을 떨어뜨리는 행위다. 설상가상으로 이런 리더들은 팀원들이 지시 내용을 설명해 달라고 요청하는 것도 금기시해 좌절을 키운다.

인간의 체온처럼 조직도 적절한 온기가 있어야 경직되지 않는다. 보고는 그 조직의 온도가 어느 수준인지 보여주는 바로미터다. 만약 온도계가 이상 수치를 가리킨다면, 온도를 조절하는 등 적절한 조치를 취해야 한다. 리더는 단순히 보고의 출납을 담당하는, 온도를 측정만 하는 온도계로 스스로의 역할을 한정하지 말아야 한다. 온도가 적절한지 판단하고 조절하는 역할, 즉 적절한 피드백과 명령을 내리는 온도 조절기가 되어야 한다.

조직의 명령과 보고의 적절성을 예민하게 측정하고 모니터링하여 팀원들이 과부하가 걸리지 않게 하자. 팀원이 최적의 활동을 할 수 있도록 업무량과 자원을 적시에 조율하는 것은 리더의 기본 역할이다. 그리고 이 역할은 리더가 보고의 내용과 형태, 전달 방식을 얼마나 매끄럽게 관리하느냐에 달려 있다.

우리 회의는 조직을 춤추게 하는가, 숨죽이게 하는가?

리듬이란 일정한 박자나 규칙에 따라 음의 장단과 강약 등이 주기적으로 반복되는 것을 말한다. 음악에서 멜로디는 리듬을 타고 흘러간다. 마찬가지로 조직에도 주기적으로 반복되는 행사나 의식이 있다. 예를 들면 정기회의 같은 것이다. 주간회의, 월간회의는 기본이고 매일 아침조회를 하는 조직도 있다. 정기적으로 행해지는 회의야말로 '조직의 리듬'을 이루는 중추다.

나는 새로운 조직을 맡으면 기존의 리듬, 즉 회의 체계부터 파악한다. 회의를 들여다보면 조직이 어떤 체계로 일하고 있는지 단번에 파악할 수 있다. 영업 부문처럼 숫자를 다루는 조직이라면 숫자를 어느 정도 주기로 챙기는지, 다른 부서와는 어떻게 소통하는지 파악이 가능하다.

한번은 새로운 사업부를 맡아 업무를 파악하기 위해 어느 한 팀의 주간회의에 참석했다가 깜짝 놀란 적이 있다. 매주 월요일 아침 90분에 걸쳐 진행되는 회의에서 10여 명의 팀원이 한 명씩 돌아가며 자신의 매출 예상치와 담당 고객사에 발생한 이슈를 발표하는 식으로 회의를 진행하고 있었다. 회의 형태를 띠고 있었지만 실상은 '한자리에 모여 보고하기'에 가까웠다. 발표를 끝까지 경청하는 사람은 팀장뿐이었고, 한 명이 발표하는 동안 나머지 팀원들은 자기 차례를 준비하거나 다른 일을 했다. 팀장과 팀원의 일대일 미팅 10개가 회의 시간 내내 이루어진 것과 다를 바 없었다. 이런 회의에 활력이 있을 리 만무하다. 월요일 아침을 이렇게 시작하면 남은 일주일도 맥이 빠지지 않을까?

매주 매출을 확인해야 한다면 팀장이 직접 데이터를 살펴보면 될 것이고, 좀 더 상세히 파악할 필요가 있다면 담당자와 일대일 미팅을 하면 된다. 매출 확인 같은 것은 10분 정도 할애해 간단하게 짚고, 나머지 시간에는 공통의 주제를 다루어야 한다. 팀원 개인별로 다룰 사안은 짧게라도 일대일 미팅을 따로 잡는 것이 팀원들의 시간을 효율적으로 쓰는 방법이다.

회의가 조직의 리듬이라면 리더는 지휘자다. 어떤 지휘자가 오케스트라를 지휘하느냐에 따라 같은 곡도 전혀 다른 곡처럼 들릴 수 있다. 지휘자는 조직의 역할과 목적이 무엇인지, 어떤 협업이 필요한지 등을 판단해 리듬을 세팅하고 조율해야 한다.

회의는 사람들이 모이는 것 자체가 중요한 게 아니라 모여서 논의할 어젠다와 콘텐츠가 핵심이다. 함께 모여서 체크할 것이 무엇인지, 공유하거나 협의할 사안이 무엇인지 어젠다가 정해져야 효과적인 회의가 가능하다. 또한 정해진 시간에 소기의 목적을 달성하려면 회의에 누가 참석할지, 각자 무엇을 준비하고 발표할지, 나아가 회의에서 무엇을 결정할지를 회의 참석자 모두가 숙지하고 있어야 한다.

대부분의 기업이 그렇듯, 내가 몸담았던 글로벌기업들도 새 회계연도가 시작되면 본사에서 각 지사에 블루프린트(조직의 청사진)를 내려주었다. 각 부서의 인원수를 비롯해 개개인의 역할과 평가 방식이 그 안에 담겨 있다. 개인이나 팀이 각자의 역할에 따라 어떻게 협업해야 하는지 가이드가 함께 제공되기도 한다. 그러면 지사는 각 팀에 부여된 목표와 역할, 협업 가이드를 바탕으로 비즈니스 목표를 어떻게 달성할지 계획을 세운다. 물론 본사의 가이드가 현지 사정과 맞지 않는 경우도 있지만, 그럼에도 이 가이드는 전 세계에 흩어져 있는 직원들이 하나의 방향으로 움직일 수 있도록 북극성 역할을 한다.

현장의 리더들은 이 가이드에 따라 각자의 팀에 맞는 리듬을 만들고 비즈니스를 실행하며 목표를 달성해 나가야 한다. 각종 회의도, 주기적으로 진행하는 행사나 의식도 조직의 리듬에 포함된다. 실적을 공유하는 것, 어렵게 성사시킨 거래를 함께 축하하는 것, 분기를 마감하고 구성원들에게 분기 소감을 이메일로 나누는 것도 중요한 리듬이라 할 수 있다. 리더는 리듬의 강약과 완급, 호흡을 조절해 조직의 활력을 이끌어내야 한다. 이렇게 만들어진 리듬은 조직의 분위기가 되고, 나아가 조직문화로 자리 잡는다.

음악에서 리듬이 중요하듯 팀 활동에도 리듬이 중요하다. 경영진이 팀장을 갑작스레 호출하거나 긴급 상황이 발생해 팀 회의가 뒤로 밀리는 경우가 적지 않다. 팀장 입장에서는 팀 회의 취소가 어쩔 수 없거나 심지어 당연하다 생각될지 몰라도, 이런 행동 하나하나가 팀 활동에 악영향을 미친다. 피치 못할 사정이 아니라면 다른 활동의 우선순위를 조정해 가급적 팀의 리듬을 깨지 않는 것이 좋다.

리더는 리듬을 조율하는 지휘자라는 사실을 잊지 말자. 조직에 리듬을 부여하고 참여도와 몰입도를 최대한 높여 팀원들이 리듬에 따라 춤추게 하자. 그 리듬에 맞춰 팀원들이 하모니를 이룰 때, 비로소 팀워크가 빛을 발한다.

일만 잘하는가,
어려운 대화도 잘하는가?

　　매니저가 되고 나면 어려운 대화를 해야 할 때가 많다. 팀원, 상사, 동료 등 다양한 관계 속에서 일해야 하고, 무엇보다 성과를 책임지다 보니 곤란하고 어려운 대화를 할 일이 자주 발생한다. 좋지 않은 평가 결과를 전해야 하고, 승진을 기대하고 있는 팀원에게 아직은 준비가 더 필요하니 다음 기회를 노려보자는 말도 해야 하며, 심지어 구조조정 시기에는 이른바 손에 피를 묻히는 일도 감당해야 한다. 때로는 껄끄럽고 어려운 대화 상대가 다른 팀의 팀장이 되기도 한다. 협업이 절실한 상황에서 자기 이익만 생각하는 동료 팀장에게 협력을 구걸하는 듯한 이야기를 할 때는 자존심이 상하기도 한다.

이런 대화들이 어려운 이유는 우선 부정적이고 소모적인 감정이 개입되기 때문이고, 원하는 결과를 기대하기가 쉽지 않기 때문이다. 나는 갈등 상황을 몹시 불편해하는 편이어서 이런 유의 대화가 무척 부담스럽고 어려웠다. 비단 나만 느끼는 감정은 아닐 것이다.

처음 팀장이 되어 한창 열심히 일하던 어느 날, 팀원 A로부터 자신을 승진시켜달라는 메일을 받았다. '과장으로 입사한 지 3년이 지났고, 그동안 능력을 발휘해 맡은 일을 성공적으로 수행해왔다. 비슷한 경력에 자신보다 그다지 뛰어난 것 같지도 않은 동료들도 모두 진급했는데 자신만 과장으로 있는 것은 부당하니 이번 인사 때 승진시켜달라'는 내용이었다.

그의 요구는 일견 타당했다. 그동안의 실적만 놓고 보면 A는 승진 대상이 되기에 충분했다. 그러나 평소 A의 부정적인 태도와 말투, 지나치게 이기적인 모습은 리더로서 치명적인 결격 사유라 판단해 나는 그를 승진 대상에 올리지 않고 있었다.

A는 함께 일하는 사람들에 대해 불만이 많았다. 어떤 사

람은 능력이 모자란다고, 어떤 사람은 열심히 하지 않는다고 늘 내게 불평했다. 팀 회의를 할 때도 다른 사람들이 내는 아이디어를 직설적으로 반박하곤 했다. 동료의 아이디어를 좀 더 들어볼 생각은 하지 않고 가혹할 정도로 부정적인 말만 쏟아내 분위기에 찬물을 끼얹기 일쑤였다.

신임 팀장이었던 나는 모든 팀원이 편하게 자기 의견을 말하고, 다른 사람의 의견에 관심 어린 질문을 하며 새로운 시도를 해나가는 팀을 만들고 싶다는 의욕이 충만했다. 그런데 아랑곳하지 않고 회의 때마다 냉소적이고 부정적인 태도로 일관하는 A의 태도는 나를 너무 불편하게 했다. 승진을 원한다면 직급과 관계없이 동료들을 존중하고 긍정적으로 대하는 태도와 품성을 갖추어야 한다고 생각했다.

그러나 이런 이유로 승진 대상에 올릴 수 없다고 하면 그의 반응이 어떨지 불 보듯 뻔해 그와의 면담이 달갑지 않았다. 불편한 상황을 피하고 싶은 마음에 2주간 답변을 미루던 나는 더 이상 미룰 수 없다고 판단해 마음을 단단히 먹고 A와 면담을 했다.

A와의 대화는 예상했던 것보다 더 힘들었다. 실적이 괜찮은데도 승진 대상으로 추천하기 어려운 이유를 설명했지만 A는 전혀 수긍하지 않고 감정적으로 반응했다. 결국 대화

는 별다른 소득 없이 끝났다. A가 본인의 부정적인 태도를 인정하고 향후 6개월 정도 개선된 모습을 보여주면 승진 대상에 올리겠다고 약속하려 했는데 서로 감정만 상하고 말았다. 3개월 뒤 A는 결국 이직을 결정했다. 주변에서는 '실력보다는 태도가 중요하다'며 차라리 잘되었다고 나를 위로했지만 그 일은 오랫동안 내 마음에 응어리로 남았다.

돌아보면 A와의 면담을 준비할 때 나의 심리 상태는 마치 전쟁터에 나가는 것 같았다. 'A는 부정적인 사람이니, 나는 옳고 A는 그르다'는 프레임을 고정하고 단단히 마음의 무장을 했으니, 그 대화는 시작하기도 전에 이미 실패가 확정된 것과 다를 바 없었다. 그 대화의 목적은 A에게서 항복을 받아내는 것이 아니었지 않은가. 본인의 태도가 팀에 부정적인 영향을 미친다는 사실을 생각하게 하고 그가 더 긍정적인 방식으로 팀원들과 일하도록 만드는 것, 그래서 A가 승진할수 있도록 돕는 것이 목적이었는데 실제로는 전투처럼 임한것이다.

그 일 이후에도 수많은 시행착오를 거쳤다. 덕분에 이제는 노련함과 관록이 붙어 불편한 감정이 수반되는 어려운 대화를 할 때 전쟁터에 나간다는 마음보다는 새로운 곳을 탐험하는 마음으로 임할 수 있게 되었다. 탐험가의 마음으로 대화에 임하면 이미 다 알고 있다는 오만함에 빠지지 않게 되고, 호기심을 가지고 상대에게 질문하고 열린 마음으로 들을 수 있게 된다. 그 과정에서 미처 파악하지 못했던 상황을 알게 되기도 하고, 상대 역시 나의 의도를 곡해하지 않고 있는 그대로 받아들이게 된다.

만일 그날 내가 승진 평가 기준과 그의 평점을 솔직하게 알려주고, 그의 생각을 묻는 순서로 대화를 진행했다면 어땠을까?

1. 승진에 대한 객관적 평가 기준과 A의 평점 전달하기
2. A가 팀 분위기를 해친 행동 제시하기. 직접 목격한 상황 중 가급적 최근 사례 이야기하기
3. 그러한 행동이 팀과 팀원들에게 미친 영향과 승진 평가에 미친 영향 설명하기
4. 이러한 문제를 해결하기 위해 나는 어떤 역할을 하고 싶은지 제안하기
5. 이에 대한 A의 의견을 묻고 경청하기

이런 흐름으로 가급적 감정을 드러내지 않고 팩트에 근거해 면담을 했다면, A는 억울한 마음을 조금은 누그러뜨리

고 자신의 이야기를 하면서 승진을 돕고 싶어 하는 나의 마음을 이해하지 않았을까?

조직에서는 오늘도 불편한 대화가 이어질 것이다. 그런데 궁극적으로 그러한 대화는 어떠한 문제를 해결하기 위한 것이다. 문제를 해결하고자 하는 목적은 과거를 책망하기 위함이 아니라 지금보다 조금 더 나아지기 위함이다. 그러니 이미 발생한 문제를 다룬다 하더라도 과거에만 머물러서는 안 된다. 이제부터 펼쳐질 상황에 호기심을 갖고 열린 마음으로 접근해야 훨씬 부드럽고 생산적인 대화가 가능하다.

대화를 시작하기 전에 바꿀 수 있는 것은 나의 태도와 마음가짐밖에 없다. 무장을 해제하고, 무기를 내려놓고, 장갑 벗은 손을 내밀어 보자. 문제가 해결되었을 때의 모습을 상상하며 탐험하듯 대화를 그 시점으로 이끌어가자. 그러면 상대도 격정적인 감정을 내려놓고, 당신의 리드에 맞춰 적극적으로 대화에 동참할 것이다.

포용의 소통인가,
배제의 소통인가?

    일하는 환경이 빠르게 바뀌고 있다. 조직 구성원의 다양성이 높아진 점도 한몫했을 것이다. 오늘날 많은 조직이 획일적인 인적 구성으로 일하던 환경에서 세대, 출신, 경험 등이 각기 다른 사람들이 섞여 일하는 환경으로 변모하고 있다.

    이 과정에서 리더는 또 하나의 역할을 요구받는다. 구성원들의 '다름'이 불편과 갈등을 낳는 것이 아니라 서로를 포용해 다양성의 시너지 효과를 일으키도록 하는 역할 말이다. 여기서 중요한 포인트는 '포용'이다. 조직에 신입사원이나 이력이 독특한 직원이 들어오면 흔히들 새로운 발상과 참신한 의견을 기대하는데, 인적 구성이 다양해지는 것만으로는 기대한 효과를 거두기 어렵다. 리더 스스로도 다양한 구성원들을 개별적으로 포용해야 하고, 구성원들끼리 서로의 다양성을 포용하도록 이끌어야 한다. 그래야 다양성이 시너지를 일으켜 더 나은 성과와 혁신을 만들어낼 수 있다.

나는 조직에 포용적인 문화를 정착시킬 수 있는 방법을 고민할 때면, 조직문화 운동가 버나 마이어스Vernā Myers의 말을 떠올린다. 그는 "파티에 초대받는 것이 다양성이라면, 함께 춤을 추겠냐고 요청받는 것이 포용이다"라고 말했다. 파티에 초대받아 몇 날 며칠을 고심해 나만의 개성을 살린 멋진 옷을 차려입고 파티에 참석했는데, 아무도 말을 걸지 않고 춤도 청하지 않는 상황을 상상해보자. 홀로 이방인이 된 느낌이란 생각만 해도 불편하고 어색하다. 그러한 파티는 다양성은 있지만 포용은 없는 파티가 되고 만다.

다양성과 포용이 개인과 조직의 성과에 어떤 영향을 미치는지 보여주는 실험이 있다. 서울대 경영대학 박선현 교수는 〈다양성의 전략적 가치: 사회정체성 다양성과 인지 다양성의 통합적 모색〉이라는 논문에 흥미로운 실험 결과를 발표했다. 그는 두 그룹에 1,616개의 콩이 든 투명 플라스틱 통을 하나씩 나눠주고는 콩이 몇 개 들어 있을지 추측해보라고 했다. 실험 참가자들은 6회에 걸쳐 추정치를 종이에 적었는데, 첫 회차는 그룹 토론 없이, 그 후 5회는 그룹 구성원들과 3분간 토론한 후 본인의 추정치를 적게 했다.

실험 결과 흥미로운 2명의 참가자가 관찰되었다. 한 명은 처음에는 정답에 가까운 답을 적었지만 회를 거듭할수록 정답에서 멀어졌고, 다른 한 명은 반대로 엉뚱한 답을 적었다가 점점 정답에 가까워졌다. 전자는 같은 학과로 이루어진 A그룹에, 후자는 전공이 서로 다른 B그룹에 속해 있었다. 관찰해보니 두 그룹은 인원 구성뿐 아니라 실험 과정도 사뭇 달랐다. 실험하면서 두 그룹 안에서 오간 대화를 들어보자.

"이걸 다 세서 넣었다는데 설마 1,000개가 넘을까요?", "이건 당연히 1,000개가 넘을 것 같은데… 형님 생각에는 어때요?", "음… 900~1,200개 사이를 벗어나지 않을 것 같아", "(선배에게 숫자를 보여주며) 에잇, 그럼 저는 그냥 이걸로 하겠습니다." '복학생 형님'이 포함된 A그룹의 대화였다.

B그룹은 분위기가 달랐다. "충분히 흔들면 빈 공간이 채워질 거예요", "흔들어보세요. 얼마나 내려가요?", "2,000개 이상이라고요? 난 1,000개인 것 같은데", "2,000개 맞다니까요. 왜 그렇게 생각해요?", "단면에 몇 개의 콩이 있는지 세어보고 층수를 곱해봐요." B그룹은 쉽사리 의견 일치를 보지

못하고 6회차까지 각자 다양한 방법론을 제시했다.

실험 결과는 어땠을까? A그룹은 4회차에 이르러 구성원 모두 1,000~1,200개로 추정치가 수렴되어 6회차까지 비슷한 숫자를 적은 반면, B그룹은 첫 회차에 600개부터 2,000개까지 편차가 컸다가 6회차에 이르러 대부분의 구성원이 1,600개에 가까운 숫자를 적었다. 중구난방 자기주장만 펼치는 것 같았던 B그룹의 평균 추정치가 실제값에 더 근접한 것이다.

A그룹에는 전체 의견이 갑작스레 모이는 순간이 있었는데, 바로 복학생이 입을 뗀 순간이었다. 암묵적으로 나이에 권위를 부여한 이 팀에서는 복학생 선배의 의견에 누구도 토를 달지 않았다. 서로 존댓말을 사용한 B그룹과 달리 A그룹은 선배에게 '형님'이라 칭했고, 선배는 반말을 썼다. 언어 사용만 봐도 두 그룹이 얼마나 다양성을 포용하는지, 그 차이를 짐작할 수 있다.

이 실험에서 우리는 조직의 포용력을 높이는 힌트를 얻을 수 있다. 우선 스스로를 돌아보자. 어쩌면 리더인 내가 우리 팀에서 이 복학생 선배 같은 존재가 아닐까?

모든 사람이 빛나는 아이디어를 낼 수는 없지만, 다른 사람이 낸 아이디어에 자신의 생각을 덧붙이고 수정하면서 더 나은 의사결정에 기여할 수는 있다. 아이디어를 얻는 브레인스토밍의 기본 원칙은 최대한 많은 발언을 유도하고, 자발적인 참여를 이끌어내며, 의견에 수정 발언을 덧붙일 뿐 결코 비판하지 않는 것이다. 회의를 진행하는 리더의 역할 또한 다르지 않다. 팀원들이 자발적으로 아이디어를 내고, 아이디어가 꼬리에 꼬리를 물고 이어지게 만들어야 한다.

어쩌면 회의를 포함한 커뮤니케이션은 기법의 범주라기보다는 우리의 일하는 모습 속에 체화된 문화에 더 가깝다. 커뮤니케이션에서 나타나는 문화는 일하는 분위기를 좌우할 뿐 아니라 생산성과 일의 성과에 직간접적으로 영향을 미친다. 리더로서 성과를 창출하고자 고군분투했는데 결과가 기대에 미치지 못한다면 또는 팀 구성원이 다양해 조직이 일사불란하게 운영되지 않아 힘들고 불편하다면 스스로의 커뮤니케이션 방식을 점검해볼 필요가 있다.

일하는 환경이 급변하고 있다. 흔히 외부의 환경 변화에 촉각을 곤두세우지만, 내부 구성원의 다양성 증가도 만만치 않다. 아니, 더욱 까다롭고 때로는 불편한 변화이기도 하다. 구성원의 다양성이 불편함이 아니라 외부 환경 변화에 적응하는 동력이 되게 하려면, 나 스스로 다양성을 포용하는 커뮤니케이션 방법을 체화해야 한다.

먼저 우리 조직에 존재하는 다양성을 살펴보자. 우리 팀에는 어떤 다양성이 존재하는가? 특정 사안에 대해 의견이 얼마큼 나뉘는가? 팀 내 누군가는 생각지도 못한 아이디어를 낼 수 있다. 그렇다면 그들이 자기 생각을 마음껏 내놓고 다함께 논의할 수 있는 문화를 만드는 것이 성과 창출의 출발점이 되어야 한다. 리더가 구성원들이 가진 다양한 생각과 능력을 이끌어내 누구나 아이디어를 활발하게 말할 수 있도록 커뮤니케이션을 이끌 때 다양성은 비로소 창의성과 유연성의 싹을 틔워 성과 창출이라는 꽃을 피울 것이다.

다양성을 이해하고 포용하는 것은 결코 간단한 과제가 아니다. '다양하다'는 말 자체가 무척 상대적이기 때문에 그 범위를 결코 정확하게 헤아릴 수 없다. 다만 무엇이 포용하지 않고 배제하는 커뮤니케이션인지는 쉽게 알아볼 수 있다. 이른바 '꼰대'라 불리는 사람들의 언어 습관이 대표적인 예다. 그들의 언어 습관을 살펴보고 혹시 자신에게는 그런 습관이 없는지 성찰하는 것은 포용적인 커뮤니케이션을 하는 좋은 시작이 될 수 있다. 포용적 커뮤니케이션을 배우고 실천하려는 리더에게는 주변에 있는 '꼰대'가 최고의 반면교사가 될 수 있다.

나의 말과 행동은
조직문화에 부합하는가?

몇 해 전, 내가 몸담았던 회사에서 조직문화를 바꾸기 위해 직책을 없앤 적이 있다. 글로벌 본사의 직급 체계(글로벌 기업들은 직무 능력에 따라 P1, P2, P3… M1, M2 등의 직급 체계를 둔다)가 있었지만, 한국지사는 고객사의 조직문화에 대응하는 측면에서 '과장', '차장', '부장', '상무', '전무' 등 한국식 직책을 따로 부여해 쓰고 있었다. 연봉이나 승진 등 내부 인사 정책은 모두 본사의 체계를 따랐지만, B2B 비즈니스 특성상 고객사의 직급 체계와 유사한 호칭이 필요하다는 이유에서 오랫동안 이어진 관행이었다.

그런데 이 '한국식 직책'으로 인한 잡음이 끊이지 않았다. 한국식 호칭을 정하는 데 능력뿐 아니라 경력, 나이 등이 고려되다 보니 본사 직급과 한국식 직책이 일치하지 않는 경우도 있었고, 그에 따른 불만도 적지 않았다. 한국식 직책을 외부만이 아니라 내부에서도 사용해 같은 일을 하는 직원 간에도 암묵적인 서열이 생겼다. 회사 내에서는 직급과 관계없이 서로 이름을 부르는 본사와 달리, 자신보다 직급이 높은 사람에게는 '김 상무님', '최 전무님'이라 부르고, 자신보다 직급이 낮은 사람에게는 '김 차장', '유 과장'이라 부르는 상황이 펼쳐진 것이다. 이렇다 보니 글로벌기업임에도 조직문화는 효율 중심의 수평적인 특성을 살리지 못하고 수직적인 서열문화가 깊이 자리 잡았다.

나는 수직적인 서열문화를 걷어내고 수평적인 문화를 만들고자 인사팀과 협의해 한국법인에서도 직책명 대신 서로의 이름에 '님'을 붙여 부르기로 했다. 영어 이름을 쓰는 고객사와 직급에 상관없이 이름 뒤에 '님'이나 '프로'를 붙이는 고객사가 늘어난 것도 의사결정에 한몫했다. 의견 수렴 과정에서 '상무님', '전무님'들의 반대가 제법 완강했지만 그냥 밀어붙였다. 물론 나도 하루아침에 '사장님'에서 '미영 님'으로 불리는 것이 무척 어색했다. '미영 님'이라고 불러야 하는 상대방도 불편하고 어색하긴 마찬가지였을 것이다.

그렇게 '님'이라 부르는 게 익숙해지던 즈음, 깜짝 놀랄 이야기가 내 귀에 들어왔다. 몇몇 '상무님'과 '전무님'이 내가 없는 자리에서는 여전히 서로를 예전 직급으로 부르고 있다는 것이었다. 또한 한국식 직책을 없애는 것이 좋겠다고 의견을 주었던 젊은 직원들도 '상무님', '전무님'들과 대화를 나눌 때 옛 호칭을 그대로 쓰고 있었다. 그제야 나는 호칭 하나로 체질화된 '문화' 전체를 바꾸려 한 것이 애초부터 무리한 기대였다는 사실을 깨달았다.

기업이 추구하는 신념과 원칙은 기업문화의 형태로 발현되어 구성원들의 행동, 태도, 상호작용 및 의사결정 과정 등에 두루 영향을 미친다. 기업문화는 일상에서 구성원들이 어떻게 행동해야 하는지, 어떤 일이 중요한지, 어떻게 의사결정을 해야 하는지에 대한 살아 있는 지침이 된다. 건강한 문화가 자리 잡은 조직에서는 개인과 팀도 건강한 방식으로 행동하려 노력한다. 공통의 가치와 신념을 공유하는 구성원 사이에는 연대감이 생기고, 그 연대감은 몰입으로 이어져 좋은 성과를 낳는다. 그렇기에 기업들이 좋은 문화를 만들고 지켜 나가기 위해 애를 쓰는 것이다.

아마존은 '첫날의 문화^{Day 1 culture}'를 유지하기 위해 리더십 원칙을 정의하고, 채용을 비롯한 기업 운영 전반에 그 원칙이 제대로 작동하도록 애쓴다. 애플은 어떤가. "디자인 이란 단순히 보이고 느껴지는 것이 아니다. 어떻게 작동하는 가에 관한 것이다^{Design is not just what it looks like and feels like. Design is how it works}." 스티브 잡스의 이 발언은 애플의 제품 개발 및 디자인 철학인 동시에 애플이 지키고자 하는 문화다. 사용자 경험과 디자인은 애플의 제품 개발뿐 아니라 기업문화의 중 심에 있으며, 이를 통해 애플은 혁신적이고 사용자 친화적인 제품을 세상에 선보이고 있다. 애플 제품군을 관통하는 일관 성은 스티브 잡스의 이러한 경영철학과 가치관이 기업문화 로 자리 잡은 결과인 것이다.

조직문화는 유수의 글로벌기업만이 아니라 대부분의 CEO가 중요하게 생각하는 키워드다. 그럼에도 가치와 원칙 이 기업문화로 자리 잡기 힘든 이유는 무엇일까? 왜 새로운 문화는 구호에 그치는 것일까? 왜 우리가 일하는 모습은 쉽 게 변하지 않는 것일까? 문화라는 건 머릿속에 들어 있는 지 식이 아니라 몸으로 체득되는 것이기 때문일 테다.

기업문화에는 CEO의 의지가 강하게 반영되며, 대개 톱 다운식으로 정의되고 전사적인 규정이나 제도로 제시된다. 그런데 이것만으로 조직문화가 전체 구성원에게 체질화되고 업무 방식에 스며드는 것은 아니다. 문화는 의식적 차원에서 시작되지만 궁극에는 습관으로 몸에 배어야 비로소 정착될 수 있다. 기업문화를 뒷받침하는 체계적인 시스템과 더불어 중간관리자의 창의적인 노력이 반드시 필요한 이유다. 공식적인 조직문화가 있다 해도 실제로는 하부 조직을 운영하는 리더들에 의해 암묵적인 조직문화가 만들어지고, 구성원들의 생각과 판단에 영향을 미치는 경우가 많기 때문이다.

이런 상황을 상상해보자. 당신은 커피 회사의 세일즈팀 리더이고, 오늘 새로운 팀원이 합류했다. 팀 회의를 시작하려고 하는데 신규 팀원이 손에 들고 있는 커피가 눈에 들어온다. 요즘 맛이 좋다고 소문난 경쟁사의 커피다. 당신은 그 팀원에게 "그 회사 커피가 그렇게 맛있나 봐요?"라고 말하며 은근히 눈치를 준다. 이 말 자체에는 별다른 문제가 없어 보인다. 그렇지만 말하는 톤과 뉘앙스에 따라 눈치 주는 말이 될 수 있다. 신규 팀원은 이 말을 듣고 무슨 생각을 할까? 아마도 이 회사에 다니는 동안에는 결코 다른 회사의 커피를 가져오지 않을 것이다. '아차, 여기는 다른 회사 커피를 가져오면 안 되나 보다' 하면서 말이다.

'타사 커피 반입 금지'라고 회사 내규에 명시하지 않더라도 리더의 말 한마디는 이렇게 암묵적인 조직문화를 만든다. 눈에 보이지 않는 '금기'가 생기는 것이다. 또는 리더가 어떻게 말하느냐에 따라 보이지 않는 '허용 라인'이 그어지기도 한다. 그 다음에 벌어질 상황은 충분히 상상할 수 있을 것이다. 가령 위의 세일즈팀이 전략 회의를 할 때, 팀원들은 경쟁사의 아이디어나 전략을 편하게 언급하기가 어려울 것이다. 더 많은 아이디어를 내놓는 데 제약이 생기는 셈이다. 이런 문화는 분명 경쟁사 분석은 물론이고, 자사의 실질적인 기업 활동에도 영향을 미칠 것이다.

이렇게 형성된 암묵적인 조직문화는 종종 공식적인 규정이나 지침보다 더 강력한 영향력을 지닌다. 리더의 입에서 나온 사소한 한마디도 구성원들 사이에 빠르게 퍼져 그들의 행동과 태도 그리고 가치관을 형성하는 데 영향을 미친다. 물론 조직의 성과와 발전에도 큰 영향을 미친다.

그러므로 리더는 늘 이렇게 자문해야 한다. '만약 나의 말 한마디와 작은 행동 하나가 우리 조직의 문화로까지 확장된다면, 그때 조직이 얻는 것과 잃는 것은 무엇일까?' 자신의 행동이 어떤 식으로 얼마나 영향을 미칠지 상기하는 질문이다. 리더의 행동이 말과 일치하고 공식적으로 명시된 문화와 부합할 때, 비로소 건강하고 생산적인 조직문화가 형성된다.

반대로 리더의 행동이 회사가 천명하는 문화와 일치하지 않으면 혼란과 불신을 증가시켜 조직의 성과를 저해할 수 있다.

전 세계 시장의 1%밖에 안 되는 작은 조직에서 본사의 정책을 거스르며 만든 한국식 직책, 시장의 필요로 만들었던 사소한 호칭 하나가 회사가 추구하는 가치와 충돌하는 문화를 만들어낼 줄 누가 예상이나 했겠는가? 호칭 변화를 둘러싼 조치와 저항 등을 되짚어보며 나는 일하는 방식에 구석구석 스며든 문화의 영향력에 새삼 놀랐고, 문화적 관점에서 리더의 역할을 다시 생각해보게 되었다.

조직의 최상위 책임자가 아니더라도 한 조직의 리더라면 자신의 말과 행동이 조직의 일하는 방식과 생활하는 방식의 틀을 만들고 고착한다는 사실을 명심하고, 혹여 나의 말과 행동이 잘못된 문화를 만들고 있지는 않은지 경계해야 한다. 조직의 리더가 구성원들이 공감하고 따라 할 수 있는 본보기가 될 때 회사가 추구하는 가치와 원칙이 비로소 기업문화로 정착되어 조직의 혁신과 지속 가능한 성장을 만들 수 있다.

문화는 암묵적인 차원에서 더 견고하게 형성되기도 한다. '님'이라는 호칭처럼 겉으로 드러나는 문화적 형식을 바꾸었다고 해서 조직이 바라는 문화를 만들었다고 착각해서는 안 된다. 조직 내에 암묵적으로 전파된 문화를 캐치하고, 조직이 지향하는 문화를 든든하게 받쳐줄 수 있도록 신경 써야 한다.

그 시작은 리더의 작은 표현 하나하나에 달려 있다. 선언하기보다 솔선수범해 보여주는 것이 다른 사람들을 변화시킬 수 있는 가장 좋은 방법이다. 리더가 타인에 대한 존중과 도덕적인 품성을 직접 행동으로 보여줄 때 구성원들도 따른다. 리더의 위치에 있다면, 혹여 팀원들이 당신의 눈치를 보게 만드는 언행을 하고 있지는 않은지 돌아볼 필요가 있다.

당신은 오늘도 성장할 것이다

책의 첫 글을 쓰기 시작했을 때 나는 그저 리더로서 일해온 나의 경험과 지혜를 나누고 싶었다. 글을 마무리하고 보니 약 8개월을 들여 쓴 40여 편의 글은 리더로서 나의 성장 기록이 되었다. 리더로 일한 경험을 돌아보며 그 과정에서 도전적인 상황을 얼마나 많이 마주했는지 새삼 깨달았다. 나는 그 어려움들을 극복해 나가며 조금씩 단단해졌다.

리더로서의 길은 결코 쉽지 않았다. 내가 내린 결정 하나하나가 팀과 조직에 어떤 영향을 미칠지 늘 고민해야 했다. 처음에는 잘하고 싶은 마음 하나만으로 완벽한 리더가 되고자 했지만, 시간이 지나면서 완벽함이란 목표가 아닌 과정임을 깨달았다. 실수와 실패를 통해 배우고 깨닫는 과정을 거쳐야 더 나은 리더로 성장할 수 있다는 사실을 알게 되었다.

변화가 상수가 되어버린 세상에서 리더십의 본질은 변화를 주도적으로 리드하는 데 있다. 변화 속에 있을 때는 실감할 겨를이 없었지만, 지나고 보니 조직이 변화에 대한 두려움을 극복하고 그 속에서 기회를 발견하고 좋은 성과를 내도록 하는 것이 리더의 중요한 역할이었다. 책 속에서 나눈 것처럼 나는 다양한 변화를 겪고 때로는 실패도 했지만 그 모든 경험이 나를 더 강하게 만들었다.

책을 쓰면서 나 자신에게 많은 질문을 던졌다. '나는 어떤 리더였는가?', '나는 팀원들에게 어떤 영향을 미쳤는가?', '나는 어떤 상황에서 어떤 고민을 하며 더 나은 리더가 될 수 있었는가?' 그 과정에서 얻은 크고 작은 배움과 깨달음을 나눌 수 있게 되어 기쁘다.

이 책을 통해 가장 전하고 싶었던 메시지는, 우리는 모두 성장하고 배우는 과정에 있다는 것이다. 중요한 건 우리가 매 순간 최선을 다하고, 실수를 두려워하지 않으며, 끊임없이 배우고 발전하는 것이다. 당신도 이 책을 통해 조금이나마 영감을 받고, 더 나은 리더로 성장하기를 바란다. 리더의 길은 결코 순탄하지 않다. 하지만 그 길에서 만나는 수많은 도전과 배움이 우리를 더 나은 사람으로 만들어줄 것이다.

2년 전부터 나는 조직과 개인의 성장을 돕는 역할로 새로운 도전을 하고 있다. 이번 글쓰기 여정을 통해 얻은 깨달음과 배움이 새로운 도전에 큰 자양분이 될 것이고, 나는 또 다른 성장을 이루어갈 것이다. 당신도 자신의 자리에서 빛나는 리더로 성장하길 진심으로 응원한다.

리더는 항상 옳다

무엇이 옳은지 고민하는 만큼 리더는 성장한다

2024년 8월 23일 초판 1쇄 발행

지은이	우미영
펴낸이	김은경
편집	권정희, 장보연
마케팅	박선영, 김하나
디자인	황주미
경영지원	이연정
콘텐츠코칭	서민규

펴낸곳	(주)북스톤
주소	서울시 성동구 성수이로7길 30, 2층
대표전화	02-6463-7000
팩스	02-6499-1706
이메일	info@book-stone.co.kr
출판등록	2015년 1월 2일 제2018-000078호

ⓒ 우미영
(저작권자와 맺은 특약에 따라 검인을 생략합니다)

ISBN   979-11-93063-60-6 (03320)

• 이 책은 저작권법에 따라 보호받는 저작물이므로 무단전재와 무단복제를 금지하며, 이 책 내용의 전부 또는 일부를 이용하려면 반드시 저작권자와 북스톤의 서면동의를 받아야 합니다.
• 책값은 뒤표지에 있습니다.
• 잘못된 책은 구입처에서 바꿔드립니다.

북스톤은 세상에 오래 남는 책을 만들고자 합니다. 이에 동참을 원하는 독자 여러분의 아이디어와 원고를 기다리고 있습니다. 책으로 엮기를 원하는 기획이나 원고가 있으신 분은 연락처와 함께 이메일 info@book-stone.co.kr로 보내주세요. 돌에 새기듯, 오래 남는 지혜를 전하는 데 힘쓰겠습니다.